U0540973

如何改写人生剧本

Broken Places & Outer Spaces

Finding Creativity in the Unexpected

［美］妮狄·奥考拉夫 著
（Nnedi Okorafor）

任慧君 译

中信出版集团｜北京

图书在版编目（CIP）数据

如何改写人生剧本 /（美）妮狄·奥考拉夫著；任慧君译. -- 北京：中信出版社，2022.8
书名原文：Broken Places & Outer Spaces: Finding Creativity in the Unexpected
ISBN 978-7-5217-4212-1

Ⅰ.①如…Ⅱ.①妮…②任…Ⅲ.①妮狄·奥考拉夫－自传 Ⅳ.① K837.125.6

中国版本图书馆 CIP 数据核字（2022）第 070230 号

Chinese Simplified Translation
Copyright © 2022 by CITIC PRESS CORPORATION
Broken Places &Outer Spaces: Finding Creativity in the Unexpected
Original English Language Edition Copyright © 2019 by Nnedi Okorafor
All Rights Reserved.
Published by arrangement with the original publisher, Simon & Schuster, Inc.
本书仅限中国大陆地区发行销售

如何改写人生剧本
著者：　［美］妮狄·奥考拉夫
译者：　任慧君
出版发行：中信出版集团股份有限公司
（北京市朝阳区惠新东街甲 4 号富盛大厦 2 座　邮编　100029）
承印者：　北京盛通印刷股份有限公司

开本：787mm×1092mm 1/32　　印张：4.5　字数：90 千字
版次：2022 年 8 月第 1 版　　　　印次：2022 年 8 月第 1 次印刷
京权图字：01-2019-6901　　　　　书号：ISBN 978-7-5217-4212-1
定价：49.00 元

版权所有·侵权必究
如有印刷、装订问题，本公司负责调换。
服务热线：400-600-8099
投稿邮箱：author@citicpub.com

谨将此书献给我的母亲海伦·奥考拉夫博士
她是我见过的最强大的女人

蛹中毛毛虫蜕变成蝴蝶时,可否想到它正走向死亡?

——作家奥布里亚·特隆肖

中枪躺在退伍军人医院的病房里,我就开始做梦,梦想着自己能够飞翔,能随心所欲地飞翔。

——电影《阿凡达》中的杰克·萨利

目录 ▼ ▽

1　"搁浅"
　　我还没有准备好　/ 1

2　"退化"
　　这就是那场"破碎"事件　/ 11

3　失误
　　我出现了故障，需要硬重启　/ 21

4　鬼门关
　　即将步入深渊　/ 33

5　白大褂
　　只有百分之一的可能性　/ 45

6　泥塑女孩
　　这个女孩可以飞翔　/ 57

7 抽动
我要求大脚趾再动一下 / 67

8 废弃的机器人
重新学习走路 / 79

9 "真该死"
到底是谁在踢墙呢? / 87

10 我的奇异点
什么是创意写作 / 101

11 机器人
人造的又如何 / 115

12 海滩
我走得越来越远 / 127

致 谢 / 131

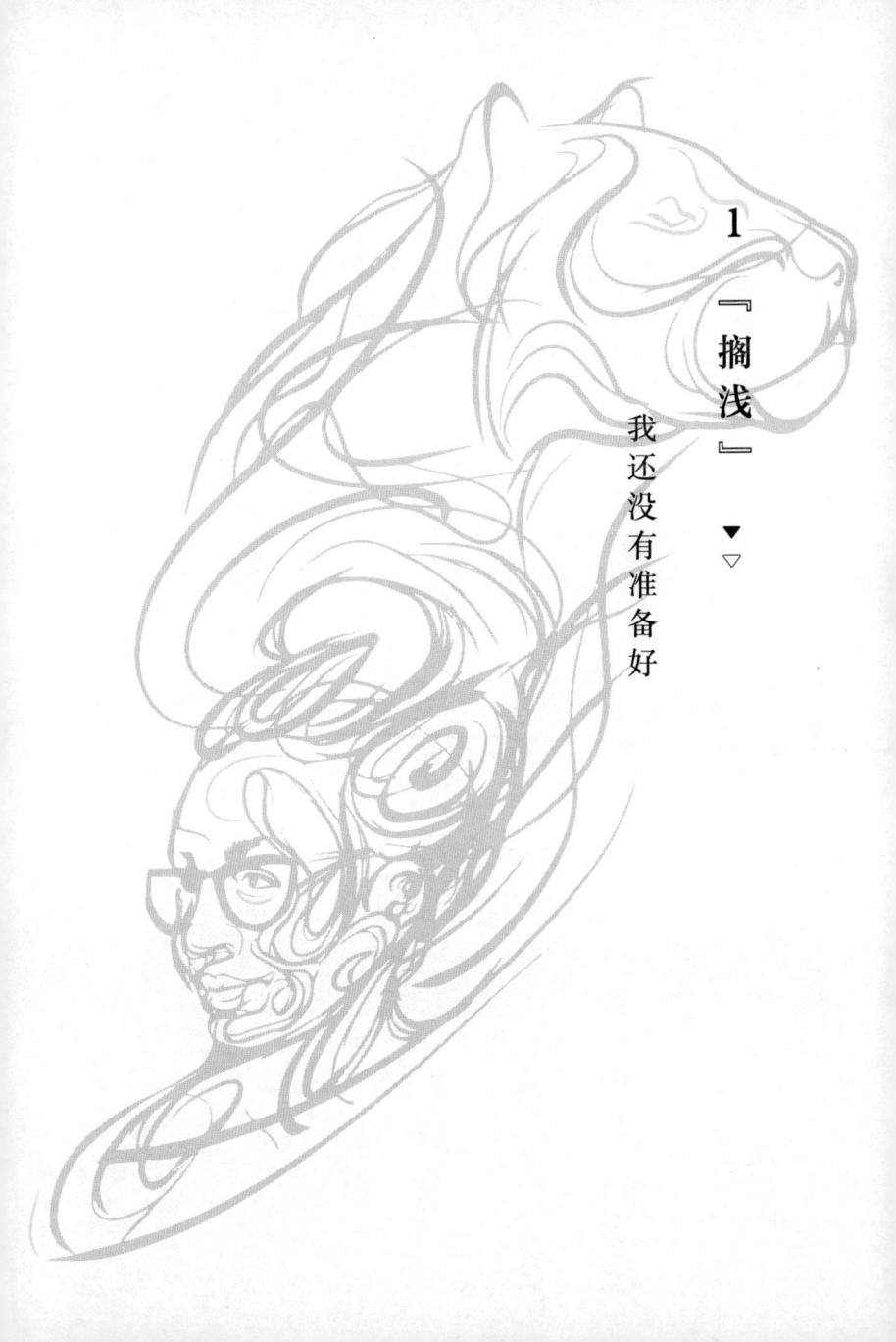

1 『搁浅』▼▽

我还没有准备好

海滩还像我喜欢的那样空寂，海水清澈而舒爽，几只沙蟹四处爬行。天气暖和，阳光明媚，而大风却狂舞起来。这个世界里始终只有我一人，站在海边，看着海水猛烈地拍打沙滩，而我总是有点飘忽不定。我必须把注意力集中到风的强度和方向上，于是我的双眼紧盯着前方，这样我就不会跟跄地走路而令人难堪。自从 20 年前发生的那件事以来，我就一直这样走路了。

我用脚趾使劲抠住沙子，去触碰沙子，仿佛正走在一块人造草皮上，我的脚底被轻轻地刺痛了。从脚踝到膝盖的部位，我都没有任何知觉，隐约间连最基本的感觉也没有了。我的大腿很有力，是我腿上最有劲的地方。奇怪的弧形后背总是把我往前推着。这么多年过去了，人们一定会认为我早已习惯身体里的这种感觉。我曾以为自己是别的物种，现在这种感觉早已融入我的身体——它就是一种生命的所在。

多亏那根与脊椎融为一体的钢条，等到我再年长点，脊背就不会那么弯曲了。由于平衡能力差，我都不能穿带跟的鞋。就像站在大海里，海水在我四周涌动一样，当我站在人群里，我总会想方设法避开拥挤的人，否则我会失去方向感。当我登台面对许多观众时，身体内的肾上腺素与这一点点本能的感觉混合在一起，也让我的身体失去了平衡。我站立的时候，同样的情形会让我感觉失去了双腿。

风吹向我的后背，我跌跌撞撞地往前走，朝着海水走去，不过，我还没有踏入水中。

进入海水前，我经历了一种奇怪的感觉，它就发生在那一时刻，行走的能力不再重要，而游泳的本领开始变得很重要了。不仅在水中游动，刮风时尤为如此，可以在空中飘浮。让人目眩的水面涟漪、旋涡似的气流、脚底沙子的下沉吸力都让我站立不稳，走到游泳的水域前，我一定会跌倒。

站在阳光下，享受着阳光的抚慰，看着我的双腿，想到我的科幻小说。最近我为漫威写了一篇超级女英雄的故事，她名叫恩戈齐，是一位尼日利亚的轮椅女孩，她的身体和灵魂都与一种名为"毒液"的外星生物共生在一起，因此她能够站立着用脚踢自己的屁股。恩戈齐让我想到自己受到挑战的身体，如何用技术来增强自己身体内的特异功能，让我能够轻松、自如地在这个世界上走来走去，不像我的前半生作为一个人活着，而是作为一个半机器人活在这个世上。

我的腿上装有镁合金制成的细网结构的骨骼外壳，我的步态有了很大的变化，竟然能蹦高，能飞跑，甚至还能侧手翻，比以前任何时候都厉害。坚固有弹性的有机物质取代了我的脊椎，它让我可以像猫头鹰一样转动脑袋，支撑整个身体，还能让我做出令人瞠目结舌的向后弯腰。后背上有了这根钢条，我开始认定自己是个半机械人，部分肢体是机器的，再不会有其他大的变化。

那件事发生前，我想当然地认为自己可以周游世界。小时候上体育课，同学们都会首先想要我加入他们的团队，因为我跑得最快，跳得最高，扔得最远，打得最狠，而且能最准确地击中目标。我认为自己天生就是一个运动员，未来会成为一名科学家。突然之间，一切发生了巨变，我成了一名飘浮在真空里的运动员，我对科学也失去了兴趣。

事件发生前，我确信自己将来一定能成为一名昆虫学家。打记事起,我就喜欢昆虫,对昆虫特别着迷,尤其是鳞翅目和直翅目属的昆虫,如蝴蝶、飞蛾、蚱蜢和蟋蟀,还有螳螂,这些昆虫都有强健的大腿和独特的翅膀。

二年级的时候,我用各种颜色的图画纸叠了一只巨大无比的蝴蝶。坐在它上面,我等啊等啊,等了好久,纸蝴蝶也没有活过来,没有快乐地向我打招呼,然后带着我一起飞向蓝天,我因此沮丧了整整一天。

我是个想象力丰富的孩子,即便是有关人类解剖或鸟类世界的非小说类立体图书,也是通往其他星球和维度的入口。读了托芙·扬松的"姆咪"丛书后,我的想象力一下子扩展了许多。青少年时代,我迷上了阅读恐怖小说和幻想小说,好像它们都是写实作品。我认为黑暗世界从未有人居住,而风总会带来某些蛛丝马迹,伪装后的本体真的存在,祖先们可以充当时间的向导。

尽管我一直痴迷于科学,但并非天生就对科幻小说感兴趣。我写科幻小说的历程也不是从阅读开始的,直到我要写一个有关应用植物生物技术的怪异星球和先进社会的故事,才发现奥克塔维娅·E.巴特勒和厄休拉·勒古恩这些作家的书,后来我也读了玛丽·雪莱的《弗兰肯斯坦》,它是高中英语课上老师布置的一本枯燥无聊的书。

长大后，大多数科幻小说和电影展现的都是男性白人主导的世界，我知道我永远无法以自己的方式生存在其中。阅读这些故事时，跟其他主人公相比，我发现自己与外星人和其他物种都有共鸣，所以这些书没有赋予我任何知识和权力，却更像是对我个人的鞭挞。我也不喜欢探险类的主题，这些故事有非常强烈的殖民意图，我对这些故事没有好感（尤其是作为一名被欧洲人殖民的非洲移民的后裔），或者说我对它们没有一点兴趣。

最终却因一次手术，我的腰部以下不知何故就瘫痪了，这让我对科学真的失去了信心。多年来，我一直与瘫痪做斗争。正是这种经历，激发了我讲故事的热情，以及想象中变换自身能力的热情。回到尼日利亚后，科幻小说让我重新回到科学领域，因为那些尼日利亚的回乡旅行让我开始思考，梦想着技术能够有效地产生影响，并且想象着未来的科技能带领我们去向何方。

这一连串的开窍和顿悟让我深刻意识到：我们认为的"缺陷"可能成为更强大的力量，比我们"正常身体"或不完整的身体曾有的能力更大。许多科幻小说中，某个物品被打碎后，从其碎片中往往会涅槃出更强大的能力。这是一种哲学理念，它把我们最艰难的人生经历比作一道道大门，而不是重重困难，这可能是成为最真实自我的关键所在。

日本有一种叫作"金缮修复"的艺术形式（一种独特的日本陶艺修补技术），意思是"金细木工"，用金子来修补旧物，它将破损和修复作为物品历史价值的一部分。在"金缮修复"中，不仅要维修坏掉的地方，还要修复整个物品。这样修补后，修复过的物品会比以前更漂亮。这是我悟出的人生哲学，它是我人生的核心价值。要想真正生活，你必须活出自己的人生。人的一生中要想避免"破碎"，是很难做到的。通常我们都有一种情感，想要自己永久常新、毫发无损、完整如初，但要做到这一点，你就不能离开家，从不出去亲身体验，不去冒险或受伤害，这样你永远不能长大成人。

站在海边，我就想："真好，两条腿上的合金材质外骨骼和有机柔性超物质制成的脊柱，这些都特别棒。"我咯咯地笑出声来："简直难以置信。"就在这时，一阵大浪汹涌而来，我又跌跌撞撞地向前走去，我懊恼地咬了一下嘴唇，转过身，朝海滩走去。我还没有准备好，但我会到达那里。

此刻，我又回到那片干燥而温暖的沙滩上，躺了下来。我深吸了一口清新的空气，凝望着天空，闭上眼睛，放纵记忆，任由思绪快速飞奔，直到它们把我带回到我成为一个半机械人的那个时间点。

2 『退化』 ▼▽

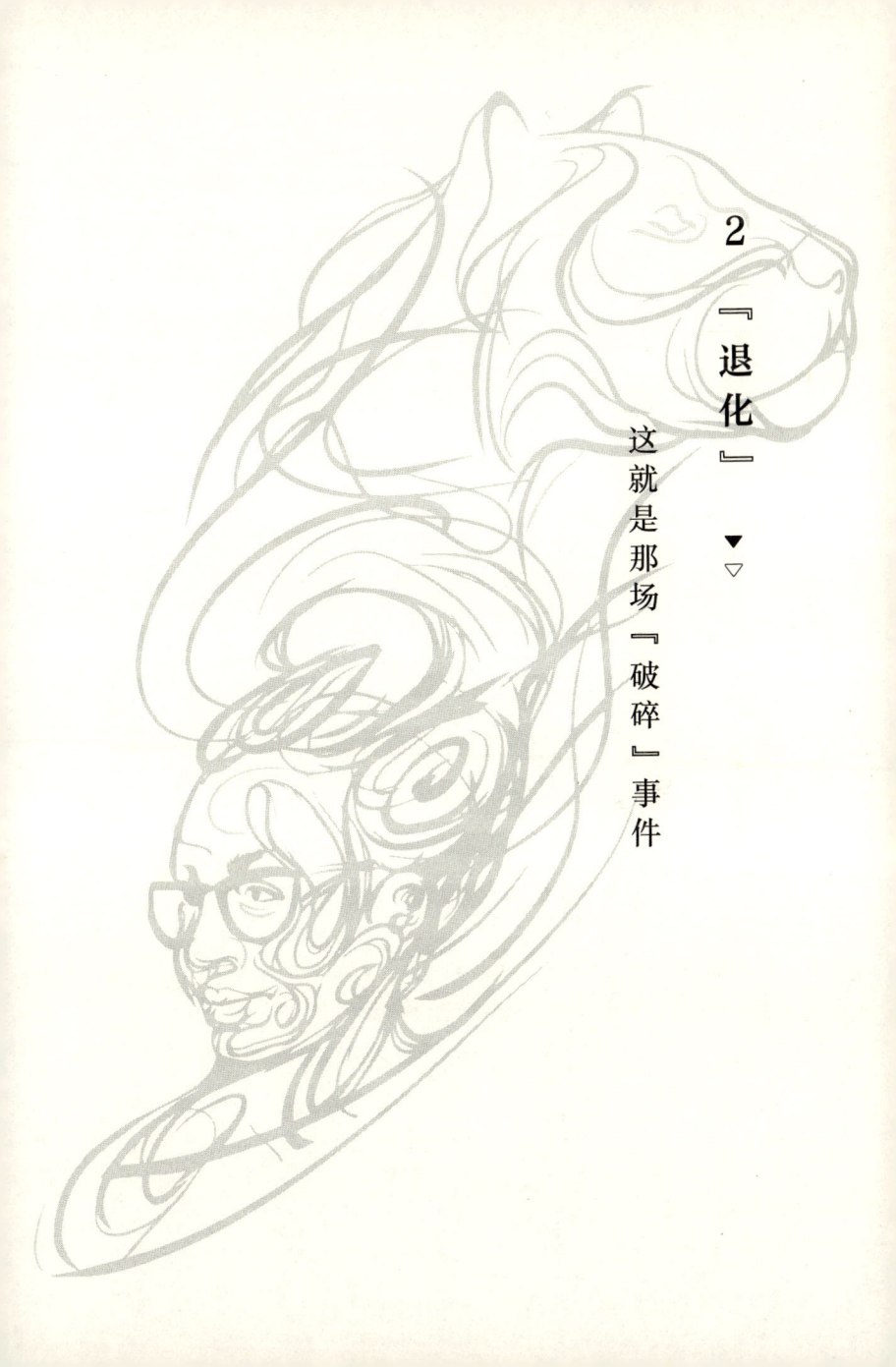

这就是那场『破碎』事件

"这个时刻，妮狄需要脊柱融合术，最好尽快去做手术，手术会成功的。到时候，她脊柱的弯曲弧线会很优美的。"医生的声音里充满了自信，他正在谈论的是外科手术，但他的语气却告诉我们这个手术相当普通，就是一个标准的手术，像教科书上展示的一样，没有任何难度。他坐在办公桌前，双手交叉，手指翘着，若有所思，眼光在我和我的父母之间来回游弋。医生是讲究实事求是的，他说话时那么漫不经心，让我的脑子里几乎没有意识到他所说事情的严重性。

我刚上大学，才半年时间，化学课上我在拼命学习，作文课却让我享受其中。我的网球队友让我嫌恶，我正考虑去参加大学的田径队，我也想知道什么时候可以全家再回尼日利亚旅游，同时也希望去看"声音花园"摇滚乐队夏天来芝加哥的表演。

"很多人都想做到这些,很多运动员也如此,"他继续说道,"几周后,他们又能重返自己的赛场了。我们正在准备做脊柱手术,只有1%的瘫痪概率。如果脊柱压迫神经,会导致呼吸道、消化道和心脏等方面的问题。如果妮狄不做手术,等到她25岁时,她的脊柱真的会非常麻烦。"

我的外科大夫是一位高个、黑发的白人,他的面容和蔼可亲,还有一双大手,是个顾家的男人,对自己的工作也很擅长。既然父母相信他能给我做脊柱手术,我也同意他来给我做手术。另外,我确信一切都会好起来,手术一定会顺利,尤其是与我身体有关的一切事情。总的来说,我的身体一直都很强壮,我不让自己把这次手术看成大事。

一切都商量好了。

决定手术后再过几个月,就要放暑假了。"换上这件衣服。"护士吩咐我,同时递给我一件医院的手术服。她是一个非裔女性,留着长长的红指甲,涂着鲜红的口红。手术服是白色的,上面隐约有荧光的粉色条纹,太粉嫩了。我哼了一声,脱下黑色的马丁靴,把它们放到一边,我的宽松牛仔裤轻轻一飘,就掉到了地上,最后,脱掉胸前印有树蛙图案的 T 恤，解开 34B 尺码带有蕾丝花边的黑色胸罩，然后我把它们整整齐齐地叠放好。

穿上手术服后，我突然感到一阵莫名的兴奋，只要几个小时，我的脊柱就会得到矫正，我可以继续我的生活。尽管大学一年级的生活充满各种乐趣，但我的脊柱问题却时隐时现地影响着我的生活。一想到手术的日期——5 月 18 日，再想到这天之后发生的事情，我就会头晕目眩，因为那是一种全新的生活。

我想象自己穿着超短裤和比基尼胸衣在烈日的大街上滑旱冰，丝毫都不担心人们会盯着我的后背看，也不担心我的后背是如何怪异地侧向一边，弯曲成 S 形。父母肯定会训斥我，让我多穿点衣服。最终我会那样做，不是因为我的背部弯曲，看起来怪异，让我感到尴尬，而是因为这是我自己的选择。

我穿着医院的手术服走进隔壁的房间，把后面的门紧紧关上。地板冷冷的，一尘不染，有几把真皮座椅靠墙排列着，前面有几张长长的轮床，我坐在其中一把皮椅上。护士噘起她的红唇，抹平上面的口红，然后才量了量我的脉搏和血压。她在我的静脉血管里插了一根点滴导管，让我从 1 数到10。

"1，2，3……"

一切都消失在黑暗中。

▽ ▼ ▽

脊柱侧弯的原因仍未搞清楚，医生有时说它是遗传性的，有时又说是其他原因造成的，在没有得到身体其他部位或细胞里基因的允许下，脊柱好像有了这个疯狂的想法，随意去做自己的事情，就像一个不安分的中年男人，为了浅尝独立的滋味而离家出走。面对挫折与渴求自由独立之间的抉择，这种男人总会忘记还有家人要靠他养活。

就我而言，它是第一种原因，首先是科学的原因——遗传学。我不知道在尼日利亚有哪个亲戚患有脊柱侧弯，但是我的姐姐伊芙玛（比我大两岁），就患有脊柱侧弯，不过没有我那么严重。她小的时候，晚上必须使用一种叫作"脊柱弯曲特隆"的设备来治疗。这个设备会向脊柱发送电脉冲，我总想知道电脉冲进入脊柱的感觉。大概我10岁，姐姐12岁时，有一天，我让伊芙玛把凝胶垫贴在我的手臂上，然后打开开关，转到低脉冲位。

我第一次感觉到低位电脉冲就像蜘蛛在垫子下面爬行，它们令人毛骨悚然的长腿试探性地轻拍着我的皮肤。不知不觉中，我跑到大厅，从整整一段楼梯上跳了下去，然后逃离了房子。我站在街道的中央，气喘吁吁，挠着我的手臂，直到它因抓挠而变成红褐色。

伊芙玛的脊柱侧弯最终自行稳定下来。我的二姐恩戈齐（比我大一岁），病情较轻，但她的体重比较重，使她的脊椎处于正常范围。我的弟弟埃米兹（比我小7岁）十几岁时，也患上脊柱侧弯的疾病，他的背部最终也稳定下来。

只有我的脊柱侧弯一直都没有好，具有讽刺意味的是，尽管（或许是因为）我患有严重的脊柱侧弯，我却一直都是一名明星运动员，这是我与生俱来的特点。

我父母在大学时代都是运动员，曾参加过尼日利亚大学生比赛。我父亲跨栏的速度非常快，他曾赢得过许多全国比赛的奖牌。我母亲能把标枪扔得很远，她还打破了尼日利亚的纪录，曾赢得非洲很多比赛的奖牌。她甚至于1964年组建了尼日利亚的奥运会代表队（最终她没能参加奥运会，唯一原因竟然是她之前得过疟疾），因此，我和我的兄弟姐妹们长大后也都成为运动员，这一点就不足为奇了。

从9岁开始，我就参加了半职业网球比赛，我的秘密武器是我的侧身正手扣杀（就是侧身绕过来用正手击球，击球路线是对方的反手位置），以及每小时114英里速度的发球，但我一直想要像父母一样，在田径赛场上大显身手。在霍姆伍德-弗洛斯莫尔中学读高中时，我终于如愿以偿，在400米、800米、1英里接力和跳高比赛中，曾获得过22枚奖牌。尽管我的运动生涯一帆风顺，但我在13岁时被诊断出患有脊柱侧弯。

多年来，尽管在衣服下面我一直戴着一副石膏打制的支架，非常不舒服，常常硌得很疼，尽管我也在做背部训练，但是我的脊柱侧弯仍在恶化，我就像一台带有致命故障的顶级机器人。这就是我来做这个手术的原因，以矫正我的脊柱并稳定病情，不让其继续恶化。与涉及脊柱的任何手术一样，它存在瘫痪风险，但是在1%的瘫痪概率和100%伤残后早早死掉的概率之间做出选择，这是一个简单的决定。

那天是1993年5月18日，我才19岁，刚从伊利诺伊大学香槟分校上完大学一年级回来。在那个决定命运的日子里，我用自己两条强壮有力的腿走进了医院。手术几个小时后，当我醒来时，腰部以下完全瘫痪，这就是那场"破碎"事件，我真没有想到，如果没有它，我怎么能变得比以前更加强大。

3 失误

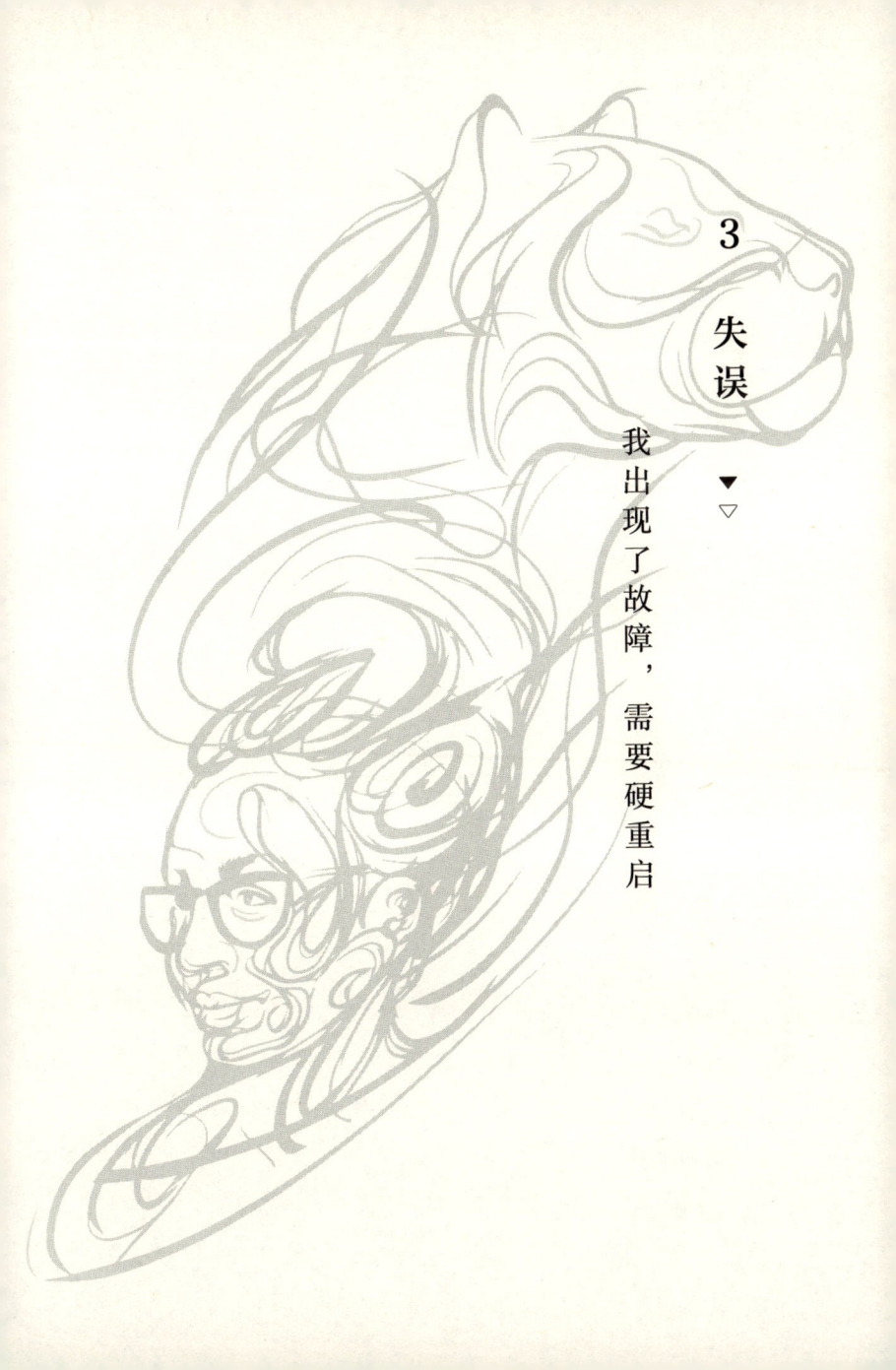

▼
▽

我出现了故障，需要硬重启

他是一个外表可爱的男孩,长着一头乌黑的鬈发和一双迷人的蓝眼睛,他深深地吸了一口气,脸上的笑容越来越灿烂。他的朋友们穿着深蓝色的裤子,配着白色的衬衫,站在他的身后,指着他,哈哈大笑。

"'黑鬼爸爸'大长腿!'黑鬼爸爸'大长腿!"男孩扯着嗓门大声唱着,他笑得太厉害了,没料到接下来发生的事。我站在几英尺外的地方,也许他没想到我的长腿能伸到那么远,我一脚踢到他的胯上,他惨叫一声,摔倒在地。

"傻瓜!白痴!"我对着他吼道,黝黑的脸因为愤怒而涨得通红。我讨厌课间休息,在圣灵天主教学校,四年级的学生中,我是唯一的黑人女学生,常常觉得自己好像住在读过的社会学书中提及的某个城市里。黑皮肤的人走在城市的大街上，高举着牌子，大声喊着"爱好和平"。警察很快就会来到，用水枪喷射他们，并投掷催泪瓦斯。但偶尔，课间休息也会带来片刻的满足感。那时我已经知道"阳痿"是什么，这是我跟那个男孩子相处时能实现的满足感（骂他阳痿），我认为他不应该把这种基因遗传给下一代。

我笑着拔腿就跑，他的朋友们就紧跟在我后面。

"给我滚回来，你这个黑鬼婊子！"

"我们能把你磨成粉末，你这个黑猴子！"

但我知道快上课了，我能做的就是跑到课间监管学生的女老师常在的办公室里，这样我就安全了。我还知道我比所有的男生跑得快。如果他们把我逼到墙角，我会用脚踢他们，冲出重围。从我跑步时双腿的姿势来看，我一定像是在悠闲地慢跑，但我跑得飞快，并且越来越快。

我把头往后一转，咯咯地笑起来，直到我快喘不上气，然后我又咯咯地笑了几声，嘻嘻，嘻嘻。

▽ ▼ ▽

我醒过来了。

3 失误

那是10年后的事了。5月，1993年5月，我不知道那天是什么日子，我记得的最后一个日期是18日。

我环顾了一下病房，浑身打了个寒战。荧光粉色和绿色相间的螳螂和蚱蜢正在我的床上蹦蹦跳跳、飞来飞去，同时还发出咔嚓咔嚓的声响。它们的体形巨大，比我在尼日利亚抓过的那些螳螂和蚱蜢都大。就在我的对面，有一只大乌鸦正扑向窗户，想要进入房间。每撞击一次窗户，它就会撞掉更多黝黑发亮的羽毛。是窗户吗？我在哪里？我问自己，我的头抽搐着几乎抬不起来。

我尽已所能地环顾了一下四周，右边只有一把丑陋的黄色椅子，被人推到墙边。一只大螳螂正在椅子的坐垫上跳来跳去。一台四四方方的电视机被安装到了天花板上，电视机没有打开，有东西箍在我的右手腕上。

我的天啊，我意识到我的背部手术做完了。倒计时开始了。

据我的主治大夫说，几周后我就能重返网球场，回到我的网球队，还能把网球打进对手的喉咙里。每次击球时，跟正常的脊柱一样，我的直立脊椎就会向后弯曲，再向前弯曲，后背上刚做完手术的疤痕就藏在满是汗水的T恤衫下。

接下来，我要去找我的田径教练，问一下我能否加入他的团队，因为我一直认为那才是真正属于我的地方。我终于能做自己喜欢的所有事情了，像正常人一样，去做自己喜欢的事情。

我抽搐了一下，脊柱上传来一阵隐隐的刺痛。疼痛虽然剧烈，但却十分遥远。我瞥了一眼那只粉绿色的大蚱蜢，栖息在我盖着床单的腿上。我躺在床上，所有这些近期的宏伟蓝图都搁置了下来。我听见远处有东西摔碎的声音，然后我也跌落下去，我向后翻滚着，头朝下，长长的腿纠缠到一起。我跌倒了，并翻滚到一个地方，那时我可以跑得很快，跳得很高，很容易做到这一切……

我一直在跑。那是1982年的一个星期三，在伊利诺伊州南荷兰市的芝加哥郊区，像其他任何一天一样。

我跑得飞快，紧跟着我的两个姐姐伊芙玛和恩戈齐。因为害怕，我的呼吸比平时更加困难，我跑过一座座统一由红色、棕色和白色砖块砌成的房子，又跑过新近才在房屋周围和后院安装的绿色电线和刷上白漆的木栅栏，再跑过白色的福特牌野马车和印有黑色赛车条纹的日产达特桑车。过了一会儿，出现一片空地，杂草丛生。在比较平静的时刻，没有被一群年轻的种族主义者追打时，我会在这些地方闲庭信步，寻找大自然里的动物。

很容易就能捉到浅绿色的球状沫蝉，它们就生活在一团唾液状的液体里。长大后，它们就变成深绿色、有时是彩虹色的叶蝉样的昆虫，非常可爱。我最喜欢的昆虫是矮矮的、胖胖的红腿蚱蜢和充满活力的绿色蝈蝈，它们一直都是我的珍宝，因为很难找到它们，更不用说捕捉到它们。还有那些笨手笨脚的瓢虫，蠕动前行的毛毛虫，忙忙碌碌的蝴蝶和飞蛾，挖地洞的蚯蚓，偶尔还有会夹手的小龙虾，气鼓鼓的蟾蜍，滑溜溜的青蛙，我不会触摸那些贼溜溜的蜘蛛。我爸爸总是喜欢听我讲我一天里的收获，他也喜欢近距离观察大自然。令人遗憾的是爸爸是名医生，医院总是需要他随叫随到，所以他总是很晚才回家，但他一定要听我讲白天捕获这些小东西的故事，那时候我早已把它们放生了。

然而，此刻，我并不平静，这根本不是我想要的样子。那时正值仲夏时节，气温约29摄氏度，天空万里无云，阳光炙热地照在下面发生的一切事情上。我穿着粉色的短裤、玫瑰色的衬衫和白色的帆布鞋。我的双腿和双臂又长又瘦，所以学校里的孩子都叫我"棕榈树"、"妮狄意大利面"和"长腿爸爸",还有其他不好吃的食品名称。

"我们会抓到你们的,黑鬼们!"

当时伊芙玛10岁,恩戈齐9岁,而我才8岁,所有追赶我们的孩子都是中学生。从公园回家的路上,我们三人刚拐过一个街角,就遇到了那群白人孩子。

看到被七八个孩子盯上了,我们姐妹三人都惊呆在那里,意识到这个时刻很紧急,我们所有的计划都要改变。

接下来的一刻钟里,这些白人孩子不再为了蝎子和鼠王拉特的尾巴谁摇得更厉害而互相吹牛,我们姐妹三人再也不愿意抄近路回家了。我们一声不吭,拔腿就跑。伊芙玛领先,其后是恩戈齐,而我跑在最后。我们闪亮的稀松鬈发滴下油光发亮的汗水,流入我们的眼睛。我很相信自己的速度,所以还偷偷地回头瞄了他们一眼。我们虽然年龄小,但比他们跑得快,极速奔跑是我们家祖传的。

就好像之前我们的那些尼日利亚亲戚一样,他们在伊思肯内西村和阿伦迪佐固村,前往市场、学校或者急于赶去的地方通常都是跑着去,也像那些偷渡的亲人为了逃命而穿过美国的森林和沼泽一样,我们沿着1982年的芝加哥郊区的人行道奔逃,所有奔跑仍在继续。

我们家是第一批进入这个社区的黑人家庭,为此我们付出了沉重的代价。白人们把油漆扔进我们家的游泳池里,给我们的邮箱里投递诅咒话语满篇的信件,他们开车经过我们家时,还会大声喊着"黑鬼,滚蛋",他们不断地骚扰我们。

尽管这样,我和姐妹们都不去多想,这一切涉及我们居住的地方。我们作为尼日利亚移民医生的女儿,天生自信,还有学习的天赋。父亲教导我们:"无论是身体上的,还是其他方面的疾病,即使非常可怕,不能治愈,你们也要抬起头来,睁大眼睛,泰然处之。"我父母的工作基本上都跟医疗有关,他们让病人减轻病情、感觉良好。他们对孩子们来说也不例外,他们的话语对我们来说就像维生素。

"仅仅因为有人认为某事做不成,我们就不去做吗?"母亲总是这样教导我们。我父母于1969年来到美国,有一段时间,人们仍然认为黑人都是好吃懒做、胸无大志和思维迟钝的人,但他们认为这不是事实。他们白手起家,两耳不闻这些言论和情绪,只做他们该做的事。其间,母亲获得了哲学博士学位,父亲获得了医学博士学位,两人还生了四个孩子。相反,我的父母很清楚,不应该遵循美国人做事的旧

"惯例"。

我们正在奔跑的时候,有人告诉伊芙玛,让她在两座房子之间急转向左跑,我和恩戈齐赶紧跟上她,但面前却是一条死胡同。我们都停下来,转过身,面对着这群人。肾上腺素从我的头部传输到我的腿上,我还活着,随时准备进入战斗。我很瘦,但这无关紧要,我几乎听够了这样的胡言乱语。

我们几乎每天都能听到这样的胡说八道。我们总是在奔跑:一下校车,我们就赶紧从白人那里跑开;在街区附近散步时,我们很快就从白人居住区跑开;操场上,我们也要远离白人。到处都是这样的种族隔离。有些东西必须放弃,所以被追到那条死胡同里,我们三人面对敌人站立着,我握紧了拳头。

"看你们这些黑猴子现在往哪里跑?!"米歇尔·瑞恩唱起歌来,其他的孩子不安地咧嘴笑了笑。他们从来没有抓住过猎物,现在堵住了我们,却不知道该咋办,但我看到了他们的双手,紧握着,微微地颤抖着。我也看到他们眼中流露出的群体暴力,这很糟糕。我们姐妹三人在人数、体重和年龄上都不敌他们,而且他们大多数是男孩子。只有片刻的时间可以考虑做什么，我注意到左边那个长腿的高个子金发男孩。

我们三人同时采取行动，我往前走，我的姐妹们紧跟在我的后面，我猛地冲过去，从那个金发男孩的两腿之间穿过，跳起双脚，飞速离开。我身后的恩戈齐和伊芙玛跨过篱笆，也飞快地跑掉了。这群人站在那里，左顾右盼，不知道该去追哪一个，最后还是放弃了追赶。

我跑啊跑，跑过一排排房屋、大片的空地、各种汽车和宽窄不同的车道，转过街角，又往前跑了一段。我的腿能跑多快，我就跑多快。跑回家时，我跑进了姐妹们为我敞开的大门。

现在，我有了另一种更深层次的成就感，有些事情已经做完。某些东西已经破碎，某些东西受到了伤害，伤害得很深。这种痛苦比我所经历的任何事情都厉害。如此痛苦，我都不能确定它来自哪里。所有的东西都融合在一起，然后又分崩离析，我落到了谷底，不想上来，但我必须上来，于是找到一个坚固的立足点，我开始往上攀登。

躺在医院的病床上，我呻吟着，睁开双眼，该起床了。

但我却无法起身。

我环顾了一下周围的环境,房间里散发出一股无菌药水的气味,就像许多人曾来过一样。我试着再次起身,但太累了,我无法睁开双眼。有嘟嘟的响声,还有疼痛。时间和空间都混乱起来,我的关节很僵硬,无法动弹。在我的脑海里,警告灯闪烁着红光。我觉得自己像个生锈的机器人。一台没有防水布的机器被雨淋了,附近也没有遮风挡雨的地方。我别无选择,脆弱无比。现在,我出现了故障,需要硬重启。

4 鬼门关

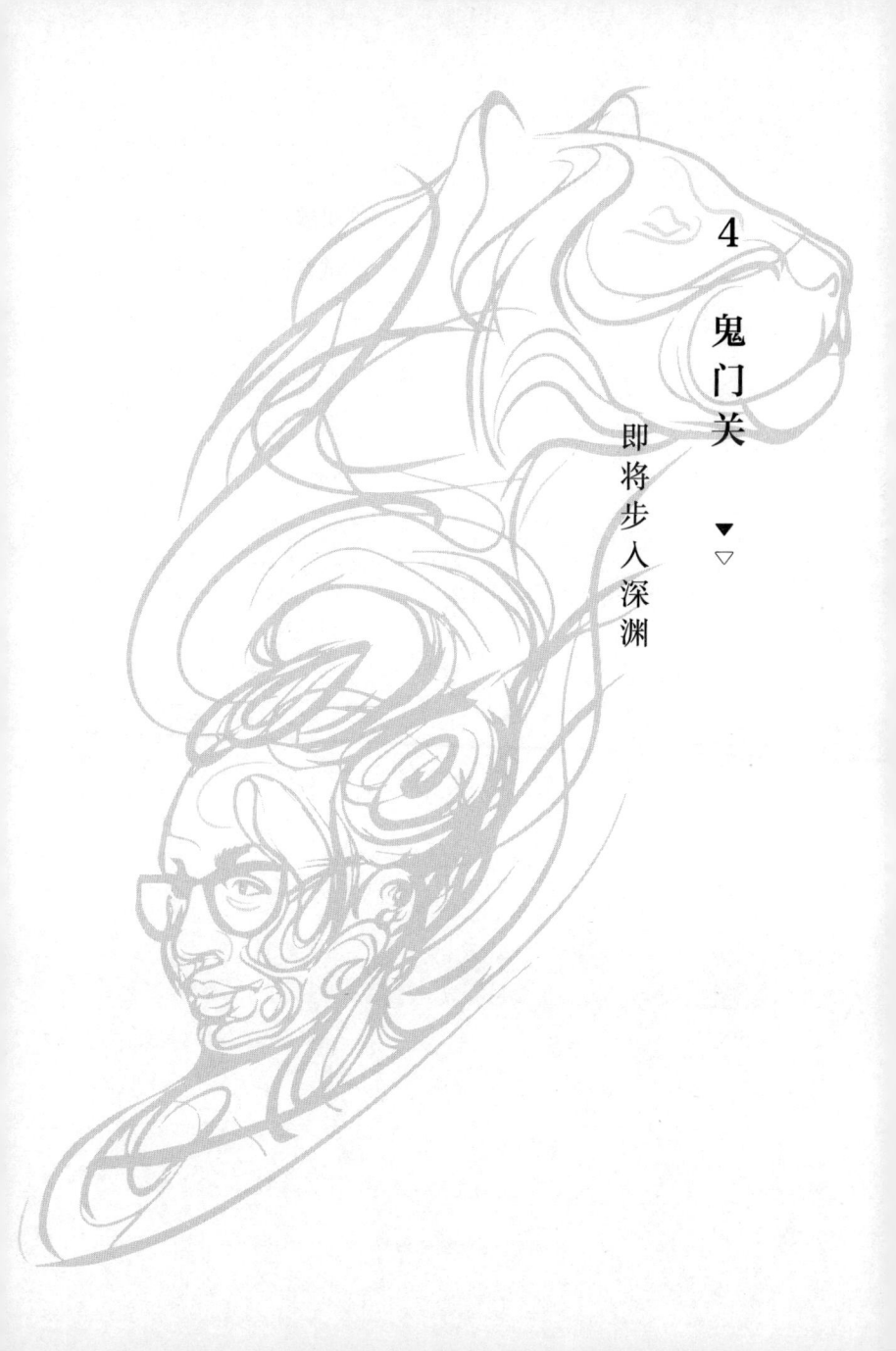

▼
▽

即将步入深渊

呕吐让我醒了过来，嘴里的东西像沙子一样粗糙，还尝到一丝苦涩的味道，我又呕吐起来。然后，我慢慢地环顾四周，荧光粉色和绿色相间的蚱蜢和螳螂在房间里嗡嗡作响，飞来飞去，在我病床的边缘闲情漫步，有的还爬上了墙壁，它们有节奏地发出咔嚓咔嚓的声响。

我的房间里现在还有一只乌鸦，正把蚱蜢和螳螂一只接一只地啄到嘴里吃掉。我摸了摸床罩上一只紧挨着我胳膊的蚱蜢的后背，它跳了起来，我能感觉到它双腿有力的弹跳。阳光照进窗户，让我眯起眼睛，我打了个哈欠，出于本能反应，开始伸展四肢。一阵剧痛像刀子一样刺穿我的全身。

"哎呀，啊，哎哟！"我发出嘶嘶的叫喊声。我第一次停下来，低头看了看盖在腿上的毛毯，是一条棕褐色、稀疏的、有毛的而且令人厌恶的毯子。我想把它踢开，没有任何动弹。我再次尝试，还是什么也没有发生，我皱起了眉头，心想一定是药物——吗啡的作用。我的左手腕上用胶带绑着一根导管，插入我的静脉，导管连到我右边的一台机器上。我右手握着一个灰色仪器，顶部有个按钮，每次疼痛时，我的手指都会自动按下这个按钮。我想不起来，我怎么知道这样做就可以注射更多吗啡。

我又试着踢开毯子，还是没有任何动静。我眨了眨眼睛，心想好奇怪。我的腿可能已经把毯子蹬到地上，我只是看到了不同的事情，还是时间变慢了？药物太糟糕了，尤其是吗啡。我又按下了按钮。

"妮狄！"整个房间响起我母亲温柔的声音。

"唉，母亲！"我低声说道，嗓音沙哑，喉咙干涩。一只蚱蜢落在她的肩膀上。脑子里一片模糊，我不得不使劲睁开眼睛，专注到她的脸上。我从来没有见过母亲的眼睛那么红，眼睛下面还有那么大的眼袋，她好久没有睡觉了，显然她一直在哭泣。

那是为什么呢？她通常完美的、大大的非洲式圆形蓬松的头发，现在明显没有收拾，而且还有点歪斜。我父亲跟着她走进了病房。

"你觉得怎么样?"我父亲是那种拥有非洲血统的人,说话时声音如狮子般洪亮,"吃点东西吗?"

"不吃,我不饿。"

"没事,你还是需要吃点东西,"父亲用洪亮而低沉的声音说,"你要坚强起来。"

我姐姐恩戈齐和我的好朋友詹姆斯也走进了病房。大一的时候我就和詹姆斯成了好朋友,看到他脸上的笑容,我也会笑起来。他笑时会露出洁白的牙齿,与他深棕色皮肤形成鲜明对比。然而,今天,他勉强地笑了笑。"我们给你带了一个鸡蛋香肠松饼和两个土豆煎饼。"他说。

"还有一个大大的多芬巧克力棒,牛奶巧克力味的。"恩戈齐补充道。

我12岁的弟弟埃米兹一言不发地走进病房,坐到黄色的椅子上,目不转睛地盯着我,他的眼睛从未离开过我。

"不……我……我不饿。"我慢慢地说着,以免口齿不清。房间里挤满了人,让我感到不舒服。只有伊芙玛没到,她那时正在南美洲进行学校旅行。我很高兴她没有看到我这个样子,毯子下面只有一副骨架。窗台上的乌鸦呱呱地叫,似乎没有人听到它的叫声，他们也没有听到长相怪异的蚱蜢和螳螂发出的咔嚓咔嚓的声音。

父亲把手放在我的胸前说："深吸一口气。"

我只能浅浅地吸了一下。我是一个几乎没有经过训练的人，一分钟就能跑400米。大家都盯着我，我这才明白了原因，我也目不转睛地看着他们。

"你感觉好些了吗，孩子？"医生走进病房。我想皱一皱眉，但我却盯着他的蓝眼睛。像我母亲的眼睛一样，他的眼睛下也有眼袋，而且布满血丝。我迫不及待地想让大家离开病房，一些模糊的想法在我脑海里翻来覆去，除非我独自一人待着，否则我无法集中思想。

"好吧，我猜一下。"我咕哝道。

他满意地走了过去，我趁机向他坦言："我想……知道一切。"

詹姆斯揉了揉自己发亮的脑门，瞟了我姐姐一眼，她正啃噬自己涂成黑色的指甲，我弟弟一动不动，母亲皱起了眉头，父亲身体向前倾着。

"你想知道些什么？"他问道。

"我不知道，比如臭虫等，"我低声地说，"类似的事情，令人毛骨悚然的生物或其他什么都行。"

"臭虫吗?"我父亲扬起眉毛问道,只有在我们谈论昆虫时,他才有这样的表情。我对大自然的热爱都是他潜移默化培养出来的,我父亲非常着迷大自然的奇异之处,例如,神经系统复杂的植物、被洪水淹没的森林、身体会发光的鱼儿、能完美伪装的昆虫,还有电鳗和鸟类,他甚至可以模仿许多鸟类的叫声。他还向我介绍了"新星"(一种常见的天文学现象,恒星步入老年时,其中心会向内收缩,而外壳则朝外膨胀,抛掉外壳释放出大量的能量。它在释放能量的时候,会使自身的光度增加数倍,变成暂时异常明亮的星星,故叫"新星")的知识和《国家地理》杂志里的动物版块,我们经常一起阅读这些版块。

我立刻感觉好了一些,他的表情安慰了我,让我知道一切都正常。于是我开始告诉他我那些充满昆虫的幻想。

主治大夫走进我的病房。

"她还要用多久的吗啡?"母亲问道。

"哦,要等到她的疼痛稍微减轻一点……"

"给她开镇痛剂吧。"父亲说。

"我们不想让她依赖吗啡。"母亲补充道。

父母都是医生，这是件非常好的事情。

"再需要一天左右的时间，我们就会给她停用吗啡。"他点头说道。我感到一阵烦恼，什么是镇痛剂？止痛效果是否比吗啡要差一些？

"一定要坚持住。"父亲说着，捏了捏我的肩膀。

"回头见。"我弟弟说。他个头不是很高，但他的脚很大，显得笨拙、身材瘦长，就像只小小的德国牧羊犬，很有潜能。詹姆斯拍了拍我的手并抓住它，向我笑了一下，看起来像一位年轻的黑人"洁碧先生"。他递给我一台小型磁带录音机，是他给我买的。

"里面有盒混音磁带。"他说。

恩戈齐轻轻地抱了我一下。"我们明天再来，"她说，"有事随时打电话。"

母亲身体向前倾了些，把手放在我的胳膊上，吻了吻我的脸颊。我看向她放在我胳膊上的手，看到并感觉到上面有一个温暖的红褐色手印。我听到门关上了，就剩下我一人，我的思绪混乱起来，有许多轻飘飘的生物。我按下录音机上的播放键，第一首歌是道恩嘻哈乐队的《透过病人的眼睛》，这正是我想要听的。

我的房间变成暖暖的、温柔的蓝色，并随着音乐旋转起来。

接下来的几个小时里，时间被拉长、扭曲或缩短。我望着太阳冉冉升起，又落下，然后再升起，再落下。太阳升起、落下几次后，我昏昏沉沉地凝望着这一切。

▽ ▼ ▽

五年前，在我父亲出生的阿伦迪佐固村，对我来说，这个小村庄就是我的根。跟我的姐姐们一起走在红色的土路上，疾驰而过的汽车扬起的尘土让我打着喷嚏，汽车排出的尾气使我不停地咳嗽，我一边咳嗽一边用嘴嚼着手中拿着的温热黏糊的杧果。

那天是圣诞节，我们刚刚从教堂做完礼拜回来，妇女们戴着硕大的、色彩缤纷的头饰，高声歌唱，对着耶稣大声呼唤，仪式举行得紧张而可笑。教堂里太热了，大家都汗流浃背，在礼拜仪式的默祷时，还能听见附近有几只小鸡在打架。

我们姐妹三人正从一位堂兄家的房子走出来，我们绕过一堵积满灰尘、尚未完工房子的水泥墙。"啦！啦！啦！"一群戴着化装面具的人从墙后跳了出来，他们全都戴着用稻草和拉菲亚树叶制作的面具，甚至还有几个乌木状的面具，这些面具活灵活现地展现出神灵和祖先。这是一群男孩子和成年男人，他们穿着精致的服饰。他们在我们面前狂舞，不断地扭动臀部，吓得我们大声尖叫。我站在那里瞪着双眼，被吓得合不拢嘴。现实中这些梦幻般的野兽永远烙印在我的脑海里，然后我们转身跑开了，那些野兽竟然追了上来。

沿着土路，我们一直狂奔：伊芙玛跑在最前面，之后是恩戈齐，然后是我，而那些神灵或祖先化身的野兽紧追着我们。据说，圣诞节期间神灵会回家与家人一起过节。我的父母正坐在姑妈家的门廊上，我母亲啜饮着橙色的芬达饮料，而我父亲喝着星牌拉格啤酒，我们从父母身边飞驰而过。他们注意到了我们，然后又继续他们的谈话。最终，我们姐妹三人甩掉了那些戴面具的人。那天在剩下的路途中，我们互相吹嘘着我们比神灵跑得快。

然而，你们不可能比祖先跑得快。

我叹了口气，不知道自己是否还能再跑过什么。就在那个时刻，我多么希望祖先来拜访我，这样他们就会告诉我该怎么做了。我决定把注意力集中在蚱蜢和螳螂身上，不想看到另外一天的开始和结束。

5 白大褂 ▼▽

只有百分之一的可能性

我睁开双眼,心一下子就凉了,周围还是这四面墙。我三天后不可能出院了,我的内心也承认了这一点。夏天开始了,土壤正在呼吸、萌动和膨胀,而我当时却在医院的病房里奄奄一息。

我伸出双臂,叹了口气,然后愣住了,皱起了眉头,因为我的目光落在一个穿着白大褂进入病房的大夫身上,接着又是一个大夫,又一个大夫,再一个大夫……这是吗啡造成的幻觉吗?不是,我的左手静脉仍在输液,但是吗啡架已经不见了。我的头脑比前几天清醒了许多。蚱蜢和螳螂的寿命都很短,它们一定是死了,乌鸦一定是从窗户飞了出去,它终于吃饱了。但是,站在病房里的这些人是谁呢?

"早上好,妮狄,"我的主治大夫说,他身后站着七个人，都穿着同样的白大褂，"你现在感觉怎么样？"

我停顿了一下，脑海里突然闪过一个念头："为什么我不用上厕所呢？"

有那么一瞬间，一毫秒的时间，我飘浮到太空的黑暗之中，一阵令人窒息的寂静，金属断开的声响。

突然停下了。

我抓住了它。那种难以捉摸的想法在我有意识的双手里曾经跳跃、腾跃和蹦跳过，我紧紧地抓住它，希望把它捏死。当然，它并没有死，事实不会死去，它曾发生过，我想，有百分之一的可能性，它确实发生了。我试着动一下我的双腿，没有任何感觉。令人难以相信的事情发生了，我瘫痪了，我的双腿不能动了，我不能下床了。即使巨型黑斑覆背狼蛛充满整个房间，再害怕、恐惧，我也无法站起来了，我的眼睛抽搐了一下。

我喜欢想象：手术的前一天晚上，我的主治大夫带着妻子去了一家餐馆，他们在那里饱食了一顿螃蟹腿、小鸡腿、青蛙腿和肉拌米饭。那可以解释许多事情，给我做手术的前一天晚上，如果他狼吞虎咽地吃下青蛙腿、螃蟹腿和小鸡腿，也许是因为他用牙齿嚼碎了这些熟肉，那么第二天要给一位年轻女孩做手术时，一些不同寻常的想法在他的潜意识里会变得更加具体化。他是个好人，一位好大夫，所以我怀疑那些想法是有意识的，不是潜意识的。

我瞥了一眼我的主治大夫和其他几位穿白大褂的人，他们让我不寒而栗，我希望他们都滚出我的病房。他亲切地对我笑了笑。"看起来你相当有名，妮狄。"他说。两个大眼袋仍然明显地在他充血的眼睛下面，现在我知道原因了，像我母亲一样，他一直在哭泣，而且寝食难安。我真想一拳打到他的脸上，让他充血的眼睛鲜血直流并肿起来，但是我起不来，我出了一身汗。我的主治大夫向房间里的其他人做了个手势。"我把你的病情已经告诉给这几位住院医生，这种情况很少发生在像你这样的人身上，我们会密切观测你的。"

"对……是的，当然。"我用手擦了擦脸，喃喃自语道，"哦，我的天呐。"

"你的双腿还有一些知觉吗？"

住口。

在那一刻，我要疯了。时间一分一秒地流逝，撕扯着缝合线，在时间的皱褶间，我从自己的身体里冲出来，冲破天花板，穿透头顶的楼板，冲入天空。我握紧双拳，脖子上的血管抽搐起来，疼得我龇牙咧嘴，嘴巴张得大大的。我尖声喊叫，嘴巴张得很大，跟飓风眼一样大。飓风眼开始疯狂地旋转起来，飓风眼内一片狼藉，遭到毁灭性破坏。接下来，我又被吸到我的身体里，我的身体一动不动，但内部却充满愤怒。

我的主治大夫什么也没有注意到，站在他身后的几位住院医生也没有注意到。这间病房看上去就像被龙卷风撕扯过一样，每个人的头发都被吹散了，几个医生猛烈地撞向已经损坏的墙壁，他们应该已经死了。但他们都站在那里友好地对我微笑，审视着我，记下我的每一个细节，但他们却漏掉了最重要的细节。他们都以为我从醒来的那一刻起，就知道自己的真实状况，但我怎么会有这么多幻觉呢？我身边有许多朋友，他们吸食过各种毒品，喝过各种各样的酒，但我从未喝过。

"不，"我说道，但声音里只有轻微的震颤，"我……我根本无法动弹我的双腿。"几个住院医生写下我说的这句话。

我的腰部以下没有任何感觉，用手触碰肚脐附近的皮肤时，我感到了刺痛，在那以下就是个无底的深渊。就好像我的一半被传送到另一个空间维度，也许因为我是一个拥有过笔直脊椎,且有运动生涯的人。

"好吧,你看起来还不错,别担心!"他说,然后笑了。在我看来,他的笑容流露出他的局促不安、愧疚、疑惑和不诚实,他不确定我是否还能再用腿走路。

白大褂们从病房鱼贯而出,听到门关上后,我又试着挪动双腿,什么都动不了。我一次一次地尝试着,感觉自己浑身上下都很笨拙,好像我的体内因为缺乏运动而堆积了毒素。额头上渗出了汗水,我感到一阵头晕目眩,更加疲惫不堪。我抓住毛毯的边缘,把它向后掀起,我的眼睛盯着自己的双腿。

两根棕色的棍子。

至少我的双腿还在,我穿着一件粉红色的病号服,下摆垂到我的大腿中部。从那里开始,就是长长的、光秃秃的、无用的两条腿,然后是丑陋的棕色袜子。我无法抬起腿来仔细看看,但我有一种感觉,袜子的底部有那种牵引力,这种袜子是专为会走路的人制作的。我的皮肤皲裂开,我更想大哭一场,我哭了出来。又一阵眩晕袭来,我能听到耳朵里脉搏的跳动声。"天啊,不可能,不可能,不!"我一边哭泣,一边用拳头捶打着枕头,但就连这样的敲击也虚弱无力。我想逃出去，跑出病房，逃离我的身体。我想，我完了，我的身体破碎了。天啊，我真的，真的破碎了。

我试着翻个身，好让自己舒服点，但我却不能，我只能让我的臀部帮忙，才能翻身。我的双腿看起来那么瘦，一个人不用肌肉时，他的肌肉质量会很快下降。我能看到皮肤上微小的汗毛。一周后，需要好好刮一刮毛发，我能刮毛发吗？一阵剧痛传遍我的全身，我第一次能够确定疼痛来自哪里，来自我的后背。

几天前，我的主治大夫和他的医疗团队将我切开，抓住我扭曲的脊柱，将它拉直，无意中竟然达到让我瘫痪的程度。当他们意识到我无法移动双腿时，重新拉我的腿并减少矫正程度，焊接了我的几块脊椎骨，然后将一根不锈钢钢条固定到脊柱上，将我缝合。手术后，这只疼痛的怪兽就诞生了，这只暴躁的怪兽不受吗啡禁锢，它扭动着，翻腾着。

"我会好起来的。"我喃喃低语道，但是，显然我的主治大夫没有告诉我所有实情。从他那双睡眠不足的眼睛里，可以看出他试探性的肢体语言，他的嘴角微微颤抖。不管怎样，只要能够忍住疼痛，我就可以战胜其他病症——更大、更糟的后遗症。在网球场上和跑道上,我曾经克服过许多艰难困苦。我告诉自己,那一切都是为了应对此刻所做的准备。

一个小时后,我没有那么自信了,我崩溃了,不是50%,也不是99%,而是100%崩溃了,崩溃成碎片。我的头撞到了墙角,躯干滚到床下,两条腿叠在地板上。与生俱来的田径生涯消失得无影无踪,我的网球生涯被扔进垃圾桶,我的幸福感消失在灰暗的抑郁中。我变成弗里达·卡罗的一幅油画。

那时,我还看不到破碎的自我。然而,当我回首往事时,想到弗里达一生都在与她的身体做斗争,而这场斗争所开辟的可能正是我急需的东西。

弗里达·卡罗是墨西哥的一位画家,她以自画像及将自己的痛苦描绘成美丽油画的能力而闻名。卡罗的大部分作品都以自己残破的身体为主题,大部分画作画的都是她自己。

在弗里达的画作《折断的圆柱》中,她以一种强调脊柱解体状态的方式描绘自己的脊柱,以及她因此而遭受的痛苦。她将所有的肌体都暴露在自然界里,她的脊椎,不是骨头,是由破碎的石头做成的。从她的脸庞,到她的双臂,再到她的胸部和躯干，钉子钉入她的身体。

许多人猜测弗里达生来就患有脊柱裂，这种疾病会导致脊髓和脊椎缺陷，引起行动受限、膀胱和肠道的问题、感染，当然还有脊柱侧弯。至于她的身体状况，可以肯定的是，6岁时她患上了小儿麻痹症，18岁时又遭遇了一场电车车祸，这场车祸造成她脊椎骨折、骨盆骨折和腹腔脏器穿孔。躺在床上，她努力调养身体时，她的父母鼓励她学画画。最终弗里达康复了，但在短暂的余生中（她47岁就去世了），她饱受慢性疼痛折磨。

了解了她的故事后，我通过一个倾斜的镜头来观察她的画作《折断的圆柱》。在弗里达的画中，她想让我看到她遭受的痛苦和折磨，我也看到一个女人因为那种痛苦和折磨而变得更加强大。我没有看到用石柱制作的脊柱，我看见一根钢柱，它的裂缝让她更加灵活。我没有看见钉子，我看到传感器探测到她周围的世界，带给她的信息比任何人接收的都多。我看到一个半机器人。

弗里达的身体破碎了，但这没有打垮她。事实上，正是由于她战胜所有疼痛，才创造了精美的艺术。至今她的画作仍抚慰着许多人的心灵。

5　白大褂

弗里达·卡罗说:"双脚？当我展翅飞翔时,我需要它们做什么呢？"

▽ ▼ ▽

夜幕降临,家人看完我,都回家了,只剩下我自己——能给我剩下的一切,我陷入一种冰冷、黏稠的黑暗。我坐在那里盯着墙壁,双腿就直直地伸在我的面前,我脑袋旁边的小书架上,放着詹姆斯带给我的那些又旧又破、面向大众市场的科幻小说选集和短篇小说集,我怀疑地瞥了它们一眼。书的封面上有太空飞船、机器人和外星世界,我更喜欢斯蒂芬·金、罗伯特·麦卡蒙和克莱夫·巴克这样的惊悚小说作家。另外,我心烦意乱,太疼了,无法集中思想阅读任何图书。我掉进了兔子洞……

几天前,我可以做任何事情,但是如果我背部的伤口感染了怎么办？我希望时光旅行是真实的,为什么没人接报警器？夜班护士才不管呢,我孤单一人,也许我的手臂接下来再也不能动了。她们根本不知道发生了什么,所以,为什么不发生点事情呢?无处可逃。它已经发生了,我回不去了。如果医院着火了怎么办?如果灵魂真的与肉体相连并依存于肉体,那我就完蛋了,我永远都成了畸形,我成了残废。我能干什么呢?如果我不能跑步,那我是谁?

6 泥塑女孩 ▼▽

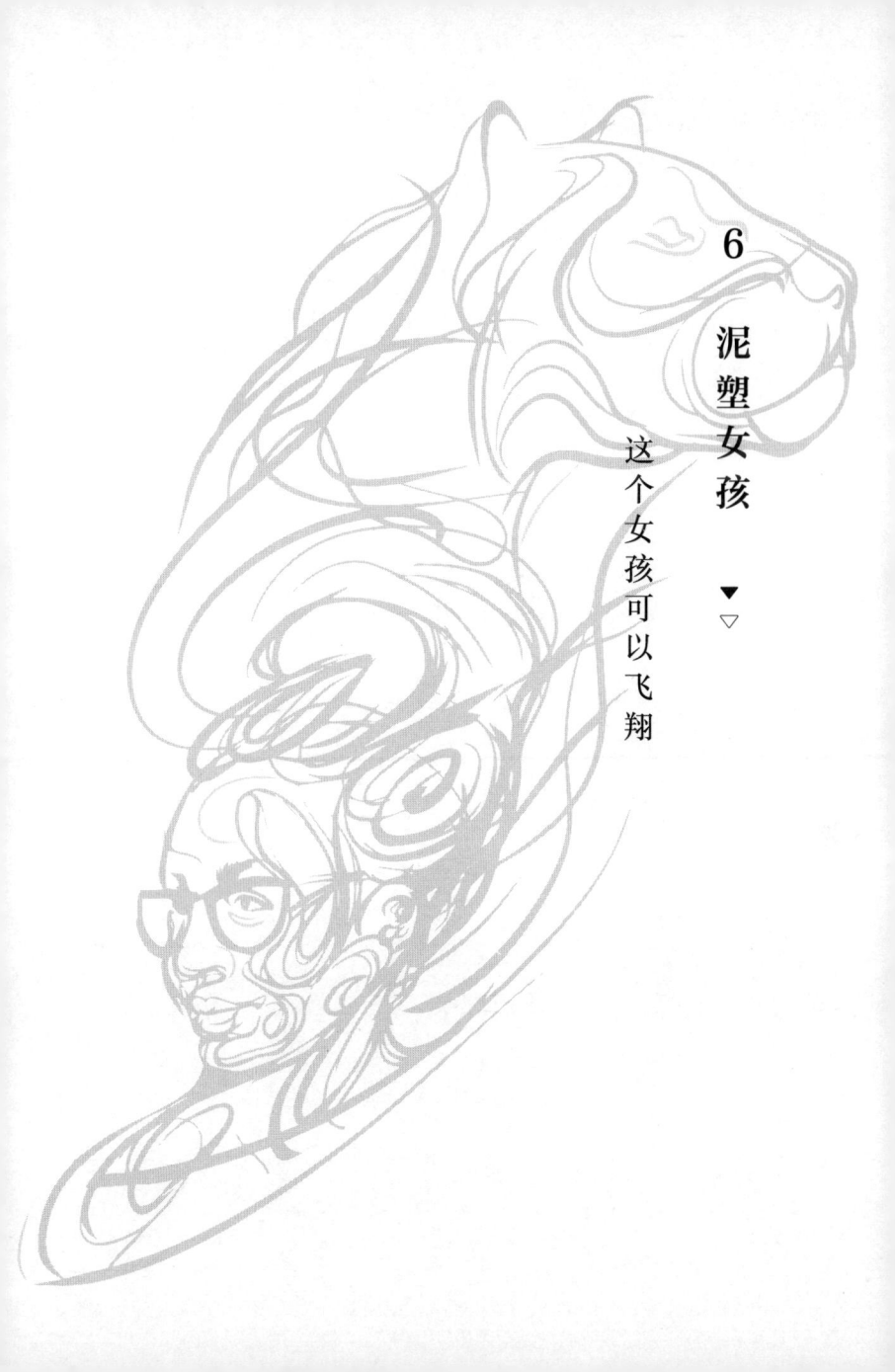

这个女孩可以飞翔

螳螂飞回来了，它们在空中跳得很高，用强健的绿腿轻松地带起自己的身体。它们咔嗒一声掠过我的面颊，有成千上万只螳螂飞过。我坐在床上，无法躲避，节肢动物的长腿、胸脯、翅膀和三角形的头将我淹没了。展翅飞舞的昆虫和蠕动爬行的昆虫爬满了我的双腿，有些甚至爬到我的腰上，它们还在继续往上爬。我大声尖叫，把够得着的昆虫都抖搂掉了。我因害怕浑身颤抖着，有那么片刻时间远离了恐慌。我又一次开始呕吐……

我突然惊醒，喉咙一阵紧、一阵松，我的胃也在痉挛，我的思绪被周围的环境夺走，椅子，静静播放轻音乐的电视机（正播放珍妮特·杰克逊的歌曲《爱就是这样》），密封的窗户。环顾四周后，我的眼睛开始定下来，但那种作呕的感觉还停留在心头。我的脸僵住了，表情痛苦，但我不知道为何如此。我已经在医院住了一个半星期，这是我第四次因为呕吐而从一个栩栩如生、稀奇古怪的梦境中惊醒。我讨厌镇痛剂。"它比吗啡的镇痛作用稍微弱些，但会让有些人做噩梦。"昨天我问父亲镇痛剂是否有致幻效果时，他说道。"有些人"就是像我这样的人。

一天下午，在医院里，因为我坐在轮椅上无法把自己推到别处，去探望我的同龄人，所以我和几个孩子坐在一起，他们在做手工艺品，我拿起一块蓝色的橡皮泥，开始塑造一个长腿的女人，我用冰棒棍作为她的腿，揉了七根又长又细的泥条作为她的头发。在我的脑海里，它们就是脏辫。我的脑子里突然有了一个想法，给她捏一对丰满的乳房。我毫不犹豫地做了，一开始我就知道要相信自己，整个过程都要跟随自己的创作思想。我还没有给她起名字，但我知道她的名字一定会让美国人难以发音。我笑了，我很久没做过这样的事了。

我旁边的小男孩正在制作一辆卡车，另一边的小女孩正在用拳头捶打橡皮泥。她的推车上携带的静脉输液袋放在身后，我担心她在捶打橡皮泥时前臂上的静脉输液管会被震掉。我喜欢和这些孩子一起玩耍，无论多么累，他们都精力充沛，满脸光泽，有时我会对着他们的脸微笑。我们有许多相似之处，我们都喜欢看卡通片，玩电子游戏，而且在某个方面我们都失去了能力。

长时间坐在轮椅上不是一件容易的事情，就像现在一样，它总是让人不舒服，但至少我还能塑造我的橡皮泥女孩。她很特别，我非常确信这一点。知道了这一点后，我把自己推回病房，不知为何疼痛竟减轻了许多。

但是当我进入房间时，我已经喘不过气来，努力将痛苦的尖叫声忍了下来。镇痛剂只有几个小时的药效，一旦药效消失，疼痛就会发作。我熟悉的那只怪兽就在暗处悄悄地蠕动着，观望着，等待着，在隐蔽物后面慢慢地膨胀。时机一到，它就会突然跳出来，龇牙咧嘴，伸出爪子，喷出火焰。

我用一只颤抖的、满是汗水的手抓住门把手，推车进去时，我的脚趾重重地碰到了门边，我的一条腿差点从脚踏板上掉下来。我无法集中思想考虑我的腿，我按下呼叫按钮，让护士帮我上了床，努力不让我的灵魂逃离我的身体，跑到更安静的地方。

一上床，我就坐在那里，紧紧地抓着自己塑造的橡皮泥女孩。护士说她会拿来更多的镇痛剂，就在那一刻，疼痛这只怪兽紧紧地缠绕着我的全身，蓦然回头看着我，热辣辣地咧嘴一笑，但冷冷的口水却从我的肩膀流到胸口。我把这个橡皮泥女孩扔在旁边小架子的书堆上。

我伸手从书堆里拿起一本书，只是为了让自己从疼痛中分散注意力，因为一个轻微的动作都会让我的背像火一样爆裂，疼痛让我口里发出嘶嘶的声音。我抓住那本书，猛地把它打开，我一遍又一遍地读着开头的几句话，但还是无法集中思想，疼痛的折磨让我的感觉模糊不清。书架子上有一支钢笔，一定是哪个护士落在那儿的，我抓住钢笔。在高中课堂上，当某些教师喋喋不休的声音让我难以忍受时，我常常会信手涂鸦。专注笔的移动和绘制线条总能把我从无聊中解救出来，让我能认真听老师讲课。

这次却不同了，我没有画圆环、旋涡、十字架或波形曲线，我没有想到我能把线条画得如此紧凑，而不让它们互相重合。我从来没有练习画过三维的立方体或圆柱体。我画出一些字母，把它们连成一个个单词，然后是句子，最后连成一段话。我感觉是这样的：

6 泥塑女孩

一扇门打开了,吹来一阵和煦的微风。

飘来怪兽的气息,它来自天空。

怪兽就在那里。

我抓住了它。

我的祖先们哈哈大笑起来。

因为我终于找到了它。

我画下了那个橡皮泥女孩,只不过在画中她有骨肉之躯,身材高大,背部留着奇怪脏辫,她的脸很严肃,穿着一件蓝色的长裙,就像一个修女穿的衣服,长裙上身到她的颈项,袖子长达她的手腕,裙身长得遮住了她的大脚,她住在尼日利亚的一个小村子里。很久以前,我还不知道她穿着那件长裙怎么不出汗。"哦,"我一边说,一边在《我是机器人》的边缘潦草地写下这一切,"我知道她穿那件长裙不热的原因,至少不是一直都这样。"这个女孩可以飞翔。

我抬起头,眨了一下眼睛,意识到了什么。我仍然感到疼痛,它还像以前一样紧紧地攫住我的全身,重重地向我压了过来。真的太疼了,我眯着眼睛,眼泪顺着我的脸颊滚落下来,我把嘴巴张得很大,我紧紧地握着这支钢笔,我的双关节手指（可前后弯曲关节的手指）疯狂地前后弯曲着。然而，在体重和心理的双重压力下，我体内的某些东西排列、集中、打开了。

沉醉于这种新的感觉中，我回到了从前……否则，我应该坦诚地说出来吗？如果我刚用橡皮泥捏的这个女孩有飞行能力，那就意味着她可以随时飞出我的病房。"我的双腿呢？我要双腿干什么呢？"她就会说，她飞过我的病房窗户，进入温暖的夜空，一路飞向她想去的任何地方。我盯着那些我写在橡皮泥女孩身上的文字，思绪又回到这些文字上。

我觉得自己比原来更伟大，我觉得自己变得更伟大了。

▽ ▼ ▽

橡皮泥女孩的创作使我想起了人们对玛丽·雪莱的种种猜测，以及她写小说《弗兰肯斯坦》时的灵感。《弗兰肯斯坦》被公认为第一部科幻小说。玛丽·雪莱的父母都是作家和政治哲学家，她出生和成长在一个充满智慧的家庭。她在1831年版的序言中写道："作为文学界两位杰出人物的女儿，很小的时候我就想要进行文学创作，这一点也不奇怪。还是个小孩子的时候，我就开始涂涂写写，在我休息的几个小时里，我最喜欢的消遣方式就是'写故事'。"

在早期的写作中，雪莱用敏锐的眼睛观察世界，这是她成长过程的一部分。当生活经历中的黑暗元素混杂在一起时，智商就会加深其创造力。

《弗兰肯斯坦》故事的原型是这样子的：1816年春末，那年被称为"无夏之年"，玛丽18岁，她和一小群朋友（包括拜伦勋爵和珀西·雪莱）聚集在瑞士的日内瓦，住在日内瓦湖岸边的一座别墅里（这是坦博拉火山喷发后的那一年，火山喷发的烟雾、硫酸岩、灰烬和废气，使得第二年全球气温明显下降）。天气很差，他们只能花很长时间待在室内，互相讲一些鬼故事。拜伦勋爵后来提议举办一次鬼故事写作比赛，玛丽写的就是《弗兰肯斯坦》的雏形。

然而，不可能只是天才灵感的乍现激发了她。有人猜测那就像女人分娩一样，玛丽的母亲生下她后不到两星期就去世了，她以前也曾经历过早产，且婴儿夭折了。如果时间表精确，玛丽写《弗兰肯斯坦》时，她怀孕了。这部小说中，科学家创造了一个非自然的生命，它肆意妄为，不难看出它与玛丽的经历之间的联系。

经过仔细观察，这些联系变得更加清晰。露丝·富兰克林在《新共和》上发表的文章中讲述了一个特别有意义的时刻：1797年8月30日，玛丽·沃斯通克拉夫特在等待接生婆接生他们的第一个孩子时，匆忙地给丈夫威廉·戈德温写道："我今天肯定能见到这只动物。"这只"动物"就是玛丽·沃斯通克拉夫特·戈德温，长大后她就成了玛丽·雪莱。[①]在《弗兰肯斯坦》里，这位科学家以同样的方式将他创造的怪物称为"动物"。

难道玛丽写《弗兰肯斯坦》是作为面对她自己的痛苦和恐惧的一种方式吗？难道她创作如此伟大的作品，是为了超越她遭受的悲伤？如果这是真的，那么玛丽·雪莱不仅有了自己的"橡皮泥女孩"（弗兰肯斯坦），而且整个文学流派（科幻小说）都是从"破碎"开始的。

---

① 露丝·富兰克林："《科学怪人》真的和分娩有关吗？"，2012年3月7日的《新共和》，https://newrepublic.com/article/101435/mary-shelley-frankenstein-godwin-bodleian-oxford。

7 抽动

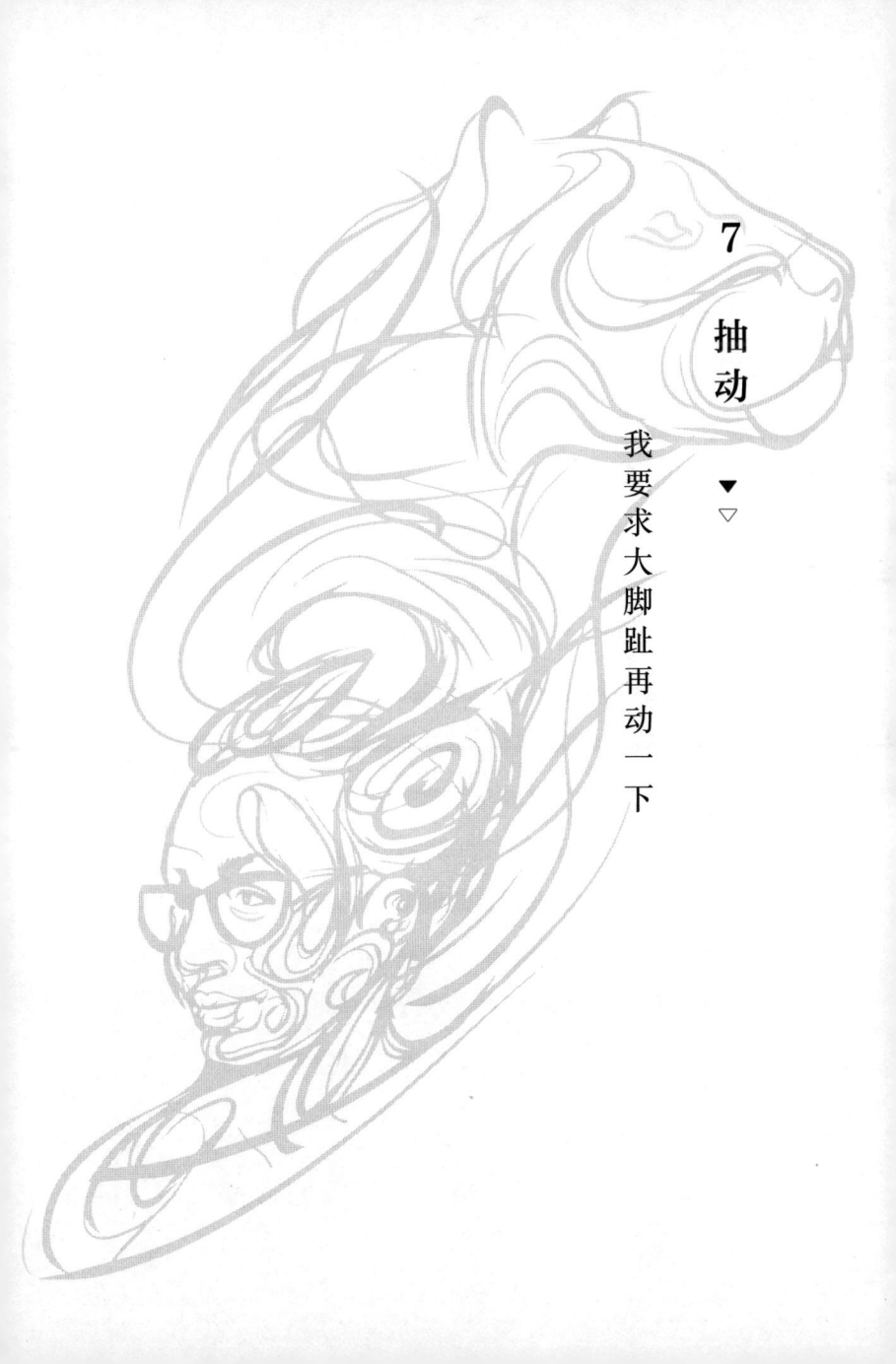

▼
▽

我要求大脚趾再动一下

夏天从我身边溜走了，室外鸟儿在歌唱，和煦的微风阵阵吹过，向日葵长得足够高，巨大的花盘开始结籽。我能做的就是坐在床上，看着鸟儿飞走。

那时，我突然感到左腿有点发痒，并传来一阵无法控制的剧痛，好像其中一只该死的螳螂正在我的脚踝上爬。我左脚的大脚趾抽动了一下，就像那样抽搐了一下。那一刻，我甚至都没有尝试去做任何事情。两天前，我的理疗师要求我试着动一动脚趾，这种努力让我汗流浃背，但毫无效果。

现在我感到无比惊讶，希望让我有些恍惚，即使不是出于我的意愿，我的一个脚趾真的动了。它不再僵硬且无感觉了，它的灵魂已经回到我的身体，但它只是一瞬间吗？在它再次逃离我之前，我必须重新把它夺回来，我确信我只有几秒钟的时间。此刻，我用眼睛盯着我的脚趾，我的心在胸口怦怦跳着。

我的脚趾是一个独立于我身体的有机体，它虽然是出乎意料，性能不稳定，并且胆怯地抽动，但我的生活全靠它了。我的脚趾又抽动了一下，一只"动物"试图引起我的注意。哦，我现在当然注意到了它，我给予它所有关注，最充分、最敏锐、最鼓舞人心的关注，我把注意力集中在那个脚趾上。我有意识地关注它，想让它第三次抽动，我知道它能听到我对它的恳求，但它没有听从我的恳求，所以我一遍又一遍地问道："大脚趾，请，行行好，再抽动一下。为了我，再抽动一下。你就为自己做一次吧，你能再做一次的。你知道你想要动一下。我将来会把你擦洗得干干净净，给你的趾甲涂上颜色漂亮的指甲油，我会给你涂玫瑰油。如果我有男朋友，我会让他每晚亲吻你三次。"

这很像《杀死比尔》里的一个镜头。在《杀死比尔1》中，带着复仇使命的刺客比阿特丽克斯·基多陷入昏迷四年后，不得不唤醒她萎缩的双腿。她坐在一辆小卡车的后座上，一边镇静地看着自己的双脚，一边不断地默念一句话："扭动你的大脚趾。"这是一个罕见的例子，在这个故事中，她对冤枉她的每个人实施报复,比阿特丽克斯不能动用她身体的力量,她必须动用心智和精神力量才能继续复仇。

经过数小时用心智唤醒她的脚趾,然后是双脚,最后是双腿的功能,她能够继续她激烈而疯狂的复仇。虽然这只是幻想(肌肉萎缩远不是一种精神状态,而需要数月强化理疗),但在比阿特丽克斯的挣扎中,仍有一个重要的教训。由于一次可怕的暗杀,因头部中枪,比阿特丽克斯第一次变成她原本不想成为的人:她只能一动不动地躺着。在这段寂静的时间里,她必须重新发现自己,因为仇恨笼罩在她的心头,所以她用上了被她忘记的心理技能。她从这段寂静时光学到的经验,日后挽救了自己的生命,并让她成为一位更伟大的武士。

抽动了。

"啊,谢谢你。"我咧着嘴笑了,叹息了一声。

我要求大脚趾再抽动一下,它动了一下,又动了一下。只要我的心里有这样的要求,我的脚趾就会不厌其烦地满足我的要求。那天晚些时候,同样舒心的治疗在我的右脚大脚趾上也起了作用。硬重启后,重新启动终于真的开始了。

▽ ▼ ▽

我的腿慢慢地、稳稳地往原来的状态恢复。星期二，我没有感觉到什么。星期三，我感到了一阵刺痛。星期日，我无法弯曲自己的脚。星期一，我可以稍微弯曲一点。星期三，坐在轮椅上时，我无法抬起腿。星期五，我可以把它举起来，猛地从脚踏板上滑下来。经历了这一切，我强迫自己接受理疗，就像在为一场盛大的网球比赛进行训练一样。直到比赛那天最终到来，我终于坐在椅子上，前面是那些闪闪发光的冰冷的铁栏杆。

铁栏杆前面有一面镜子，正对着我。最好让你的眼睛来弥补你的腿做不到的事情。医生和理疗师称这为本体感觉，即通过触摸和平衡的神经信息知道身体部位在哪里的能力，这是你走路或跑步时不用看自己双脚的原因。由于脊柱手术造成的神经损伤，我的本体感觉几乎为零。在"太空"中，我总是分不清我的腿在什么地方。不知何故，我在水中或无重力的环境中比在陆地上更容易移动，如果我没有生活在有地心引力的星球上，那就不会有问题了。与地球相比，我的瘫痪让我——一个未来的科幻小说家——更适合外太空生活。我当时没有意识到这件事的讽刺意味。

几天前,我试着站起来,但我的双腿就是无法把自己支撑起来。目前,这比我所做的任何事情都可怕,因为有摔倒的危险,这会导致进一步的伤害。我双腿上的感觉正在恢复,但站立时,就像站在半隐形的物体上,而这些物体并不是我身体的一部分。"总体来说,你必须重新学会走路。"我的理疗师西达说。

说起来容易。和大多数人一样,西达不记得自己是怎么学会走路的,这是她不必再经历的事情。现在,我再次坐在铁栏杆前的轮椅上,抛开沮丧,安定下来,准备去做一件简单却令人难以置信的事——一件我从来不知道我能做的事,我从来也没有想过我必须这样做的事——教已经成年的自己如何走路。

▽ ▼ ▽

那时,对于重新来学习如何掌控身体,我还没找到榜样。从我重新学习以来,我发现了几个这样的故事,它们让我震惊不已。让人难以置信的是,这些人都有自己独特的方法。最近让我震惊的是休·赫尔。

当我了解休·赫尔的经历时,我大声笑了起来,之后又哭了。然后我只是盯着太空,想象着各种可能性,心里想"事情就是这样开始的"。休·赫尔是一名工程师,在一次危险的登山事故中失去了双腿,之后他创造出模仿天然肢体功能的超级先进的仿生假肢。在仿生假肢研究方面,赫尔取得了突破性进展,让身体残障人士有更大的活动空间并带给他们希望。赫尔不仅教会自己重新走路,还塑造了一个新"他",超越了事故发生前的自己。他最新的一些设计甚至开始融入半机器人元素,包括将仿生硬件与人类神经系统连接起来。

他发明的假肢让他重返攀岩运动。他不仅为自己创造了新的腿,而且这些腿比他的旧腿有了更多用途。他可以攀爬到更难爬的岩石表面,并将假脚塞进更小的岩石裂缝。他甚至发现,通过调整这些肢体,他就可以随时根据自己的需要改变身高。最终,他开始攀登他无法用真腿攀爬的高度,无论是隐喻上的高度,还是字面上的高度。

赫尔说:"我不认为我的身体是破碎的,我认为一个人永远不会'破碎'。技术可以被打碎。"

因为赫尔修复了自己的身体（在这种情况下，技术可以修复），才成就了一切，最让我感动的是他创造了机器人的外骨骼。这种外骨骼增强了人的行走能力。穿上这些外骨骼，行走没有困难的人可以多走数英里的路程而不会感到疲倦。赫尔的创造让我重新梦想着跑步——在田径场的跑道上跑步。我的大脑不需要做更多工作，来告诉每条腿如何抬起，每只脚如何着地，因为我缺少婴儿时期形成的那种本能。我梦想着能毫不费力地去用自己的真腿和原来未受损伤的脊柱跑步，速度还要更快。赫尔成功的实例赋予了我这些梦想。

所以，到2029年，我两条腿的外骨骼由镁合金制成，里面编织了精致的长春花网络，非常薄，几乎看不出来，像蜘蛛网一样纤细。当我坐下时，双腿随着我的身体移动并支撑我全身的体重，不要被它精致的外表迷惑，力量均衡分布在每条细丝上，使得我的双腿变得更加灵活。贴在后背上的是一张薄薄的、柔韧的胶状的防水垫，它能知冷知热，还能发出轻微的脉冲信号，取代因瘫痪而失去的本体的感觉信号，这就意味着这个垫子能让我感觉双腿在空间里的位置。

我周围的世界宁静而平常，人们仍然对我的外骨骼感兴趣。即便我成功申办美国联邦运输安全管理局的国内航班机场快速安检计划，也会有麻烦，但这些都是小事。因跌倒、麻木、丧失感觉产生的持续恐惧都是过去的事了。行走在雪地里不再是一场噩梦。与好朋友一起走在街上聊聊天，不再是一项集中精力的运动。我听过许多场音乐会，在人群中我不再会有被抛入外太空的孤独感。我会在街区附近慢跑。

只要轻轻按下左脚踝细绳附近的一个小按钮，外骨骼就会进入"仿生模式"，这种模式能使本体的感觉和力量增强两倍。我能跑得越来越快，跳得越来越高，速度和高度都是原来的两倍，而不会比平时多流汗。这样，我就不用开车去几英里外的茶馆和书店，也不必快速赶往超市。

到2029年，我再正常不过了，我就是一个半机器人。

▽ ▼ ▽

然而，在1993年，我还没有能力做到这一点。在试图重新训练自己的身体去完成一个看似简单的任务时，我会感到很沮丧，因为我只能像婴儿那样爬行，不会走路。

我命令自己站起来。

7 抽动

我看着镜子，盯着自己的眼睛，用我的心智与两条腿进行交谈。好吧，我想。请挺直身躯，现在轻轻地锁定你的膝盖，用你的股四头肌和小腿肌肉。请记住你曾经的样子。一定记住你曾经的样子。一定记住你曾经的样子。

我想起自己经历的一切。护士们戴着假指甲，手里拿着时尚杂志，过了许久才回应我的呼叫请求。悲哀啊！因为他们给我吃含铁药物，我一直便秘，他们就是我的主治大夫和那些穿白大褂的住院医生。恐慌和幽闭恐惧症。神秘而可能有毒的螳螂和愤怒的乌鸦。双腿上的铁棍。由于我的身体处于休克状态，月经提前了，可怕的疼痛。后来，我是多么想自己走路，我把这些情绪都发泄在我的腿上，以寻求支持回应。那天，我想我的祖先肯定没有站在我的身旁。我请求他们给我力量。

我站在那里。

我又站了起来。

我把这一切都带回我的病房。几周来，没有用过腿上的肌肉，慢慢有点感觉的腿又开始疼痛了，肾上腺素冲入我的神经系统，这让我的手不停地颤抖，湿热和愈合疤痕处的皮肤发紧引起的疼痛传遍我的后背，我心里清楚这个明显的证据说明我可以而且将来也可以站起来。我被这种情绪掌控了,我有了神奇的力量,微小而有力的力量,就像土壤深处的一只毒甲虫刚刚看到一条通往地表的路——一条很深的裂缝。我把这些都写在纸上,我的笔饱含热情,书写下这一切。

我熬夜了,像一场小小的龙卷风,我洋洋洒洒地书写了一个会飞的女孩和那个一直躲在病床后面、我看不见的神秘人的故事。

8 废弃的机器人

重新学习走路
▼
▽

我还记得我过去的样子。在网球场上，曾有些日子我都能穿过时间看到过去的自己。情况变得非常紧急的时候，这种情况就会发生。我内心的某些东西就会鱼贯而出。描述这种更高的存在状态的网球术语叫作"树枝放电"（treeing）。当你胡思乱想、庸庸碌碌时，当你能让宇宙听从你的每一次突发奇想时，它就会出现。我知道这听起来很玄，但确实如此。有时我四肢分开趴在地上的时候，就能预知未来。没有多久，大约就一秒钟，我能准确地知道对手要把球打向何处，因为我能在球落地之前看到将要发生的事情。我有足够的时间利用这些预知到的信息。

甚至在开始写科幻小说前，虽然我还不了解它，但我就曾是科幻小说里的人物。

在那些瞬间，我的运动能力确实让我特别有能力。现在，当我写下这些人物角色有超级能力，如空中飞行、穿越时间、身体变形等时，我从自己作为一个极佳的运动员的经历中汲取灵感，这些人物在故事中的矛盾冲突和身体缺陷，都以我瘫痪的身体在康复过程中经历的一切为素材。

▽ ▼ ▽

下一步是重新学习走路，最好是先在水中练习。让两条腿穿过泳衣的裤腿很困难。尽管如此，在护士面前裸体还是让我不舒服，所以我挣扎着自己穿衣服。我坐在病床上，尽可能地将双腿搬着贴近胸口，直到膝盖碰到我的脸，然后，小心翼翼地把左脚滑进泳衣，这需要尝试好几次。我的双腿一直向前滑，我几乎快倒向一侧。一旦我穿上泳衣，我会试图不去考虑自己的身体看起来多么软弱无力。

我把自己的轮椅推到小水池的边缘，我的理疗师西达和她的学生助理巴纳利穿着泳衣正等我。这是我第三次来泳池，前两次他们让我坐在泳池边上，让我用腿划水。我用腿一次次蹬水，虽然很慢，但已经让我大汗淋漓。之后我觉得这种锻炼很舒服，有镇痛作用的内分泌激素内啡肽正不断地在我体内分泌出来。然而，只是让我到泳池边就够可怕的，如果不小心向前倾斜，跌入水中，我几乎还不会踩水，很容易就会被淹死。

现在，坐在两根栏杆之间的泳池边上，我盯着池水，看了几分钟，身体一下子僵硬了。我在想，一旦我跌入水中，一定会撞破脑袋，会被淹死，再次把刚愈合的伤口崩裂，但脊背仍然弯曲着。有人会走过我面前的大窗户，目睹这一切。我想没有别的办法了，如果不去冒险，我就永远也不会走路了。我想到了成功的概率和机会。

最后，我将思绪停了下来，心想："将来该咋样就让它咋样吧。前进！不要回头看！"我滑进了泳池。巴纳利必须抓住我，因为我无法控制自己的身体。巴纳利和西达都很镇定，不断地鼓励我让自己尽快适应水里的环境。西达说："很好，妮狄，咱们开始练习吧。我们都在你身边。"

"我们不会让你沉到水底。"巴纳利一边伸出棕色皮肤的手，一边补充道。

我双手抓住栏杆，双腿不停颤抖，屏住呼吸，把眼睛睁得大大的，我的双腿和水中的浮力托着我。只要周围的人不要移动过多，不让我四围的水晃动，同时，不扰乱我的平衡，我在水里就没事。我是站着的，我松了一口气，那种感觉来了，那种能够支撑我自己身体的感觉来了。是的！

巴纳利走近我，池水轻微地被扰动起来，几乎把我撞翻，我紧紧地抓住栏杆。

"你觉得自己能走一点路吗？"西达问道。

我低头看着自己的双腿，站立是一回事，但走路是另一回事。我记不清楚走路是什么感觉了。

我想，我应该抬起腿，身体向前倾，然后把腿放下来。慢慢地，我开始按照自己的指令去做。这就是我迈出第一步的方式。不是婴儿本能走路的方式，而是机械的方式。作为一个理科学生，我强迫自己走路，就像我正在读一本关于走路的心理手册。巴纳利和西达为我鼓掌欢呼，我咧嘴一笑，松了一口气。那天我迈出了第一步。第二天，我走了三步。接下来的一天我走了七步。到了周末，我借助栏杆，终于走到泳池的对面。

一周以后，西达送给我一个助行器，我盯着它发愣，那应该是老年人用的东西，如果有用，我应该再过80年才会用那个助行器。

抬起左腿，迈步，往前推进；抬起右腿，迈步，往前推进。每次当我推自己的腿时，它都会发出可怕的呻吟声，就像在医院瓷砖地板上拖着橡胶发出的声音，几乎就像用指甲刮黑板一样的刺耳声。我觉得自己像个锈蚀的机器人。尽管如此，我还在走路，虽然很慢，但我可以在病房里来回走动了。我可以独自一人去洗手间，我的身体更加灵活了。但正如事情变得越来越好，就像我已经习惯自己的身体境况，并且更加适应自己的困境一样，写一些奇怪小故事的习惯已经成为我生活中不可或缺的一部分，现在正是改变的时机。

这次，该出院回家了。

9 『真该死』▼▽

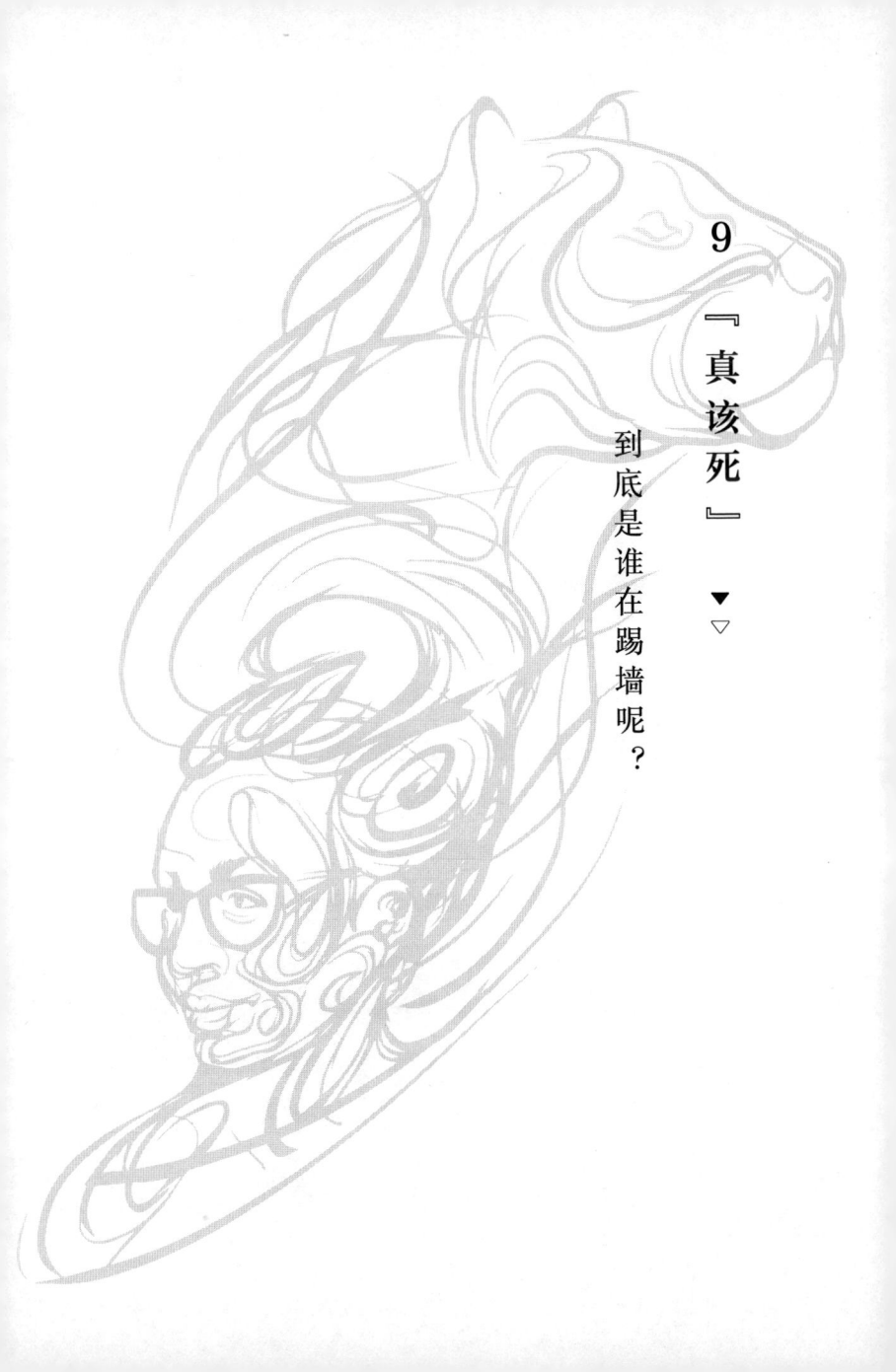

到底是谁在踢墙呢?

从医院坐车回家感觉很奇怪，我想知道这是不是因为我在医院待得太久，都忘记坐车的感觉了。虽然只有一个月的时间，但偶尔时间对我来说是相对时间。不到一个月，我就完结了我的一生，又开始了另一次生命。

我坐在副驾驶座位上，母亲开着这辆砖红色的福特探路者。我的身体是僵硬的，我的脊背支架把我直直地撑着。每一次汽车的哐当声都让我觉得我们正以每小时100英里的速度开过减速带。坐在我母亲开的越野车里，你通常会觉得自己在飞，而不是坐在车上。她的车就像发生了一场地震，我担心自己会再次被摇散架。

我不想回家了。我们从南荷兰市以前的房子搬出来后，我一直不想去看过去的七年里，我像瞪羚一样蹦蹦跳跳生活过的屋子、我的房间、其他的房间和走廊。我现在以完全不同的一个人的身份回来了。动作迟缓，身体消瘦，心情更加悲哀，我的脑袋因为新的经历也肿了起来。

我不想看到任何东西。

我卧室的墙上还钉着一年前州田径运动会的日程表，别在校服上的学生号码纸还留在梳妆台上。我的跑鞋，威尔逊网球包（里面装着四个玫瑰色的威尔逊侧面像的球拍），我的蓝毛巾，吃了一半的能量棒，印有伊利诺伊大学的网球裙（每当我发球时，它总是在风中飘动）。

另一个我——一个迷茫的幽灵，正潜伏在房子四围，她拥有那个幽灵的所有能力，却没有觉察这些，因为她的人生目标被任意分割，并被螺旋式地送入外太空。一切物品都留存在我的房间里。那天我花了15分钟才从车库门走到那个房间，我必须穿过厨房，走到长廊的尽头，然后走下楼梯，我的房间和恩戈齐的房间就在楼下。

这栋房子有三层，外加一间地下室。洗衣房、我的房间、我姐姐的房间和家庭娱乐室都在负一层。然后是一层，厨房、宽敞的电脑室、一间浴室和天花板很高的客厅都在这一层。楼上是伊芙玛、埃米兹和我父母的房间。它确实是一

9 "真该死"

座可爱的房子,但它不适合坐轮椅的人。

当我回到自己的房间时,我颤巍巍地站在房子中央,手紧紧地抓住助行器,环顾四周,母亲把我的东西都放好。母亲扶我坐在床上,然后我把身体拖到床的尽头,这样就可以把带着支架的后背靠在墙上了。我坐在那里,可以环顾四周更多的东西,我眨了眨眼睛,叹了口气。我的房间很凉爽,仍有那种熟悉的泥土味。

最后母亲走出房间,去拿我的其他用品,我花了一点时间让自己重新融入这个空间。这个熟悉的地方,带有那些熟悉的气味,还有熟悉的东西。夜晚房间里发出熟悉的吱吱嘎嘎的声音,还有熟悉的各种鬼魂。我皱了皱眉,心里在抗拒这一切。这些再也不是我的了,连墙上的午夜油摇滚乐队和加菲猫的海报也不是我的了,还有床头柜上的那一摞恐怖小说、挂在墙上的我在尼日利亚买的木制面具,以及衣橱里的马丁皮靴和法兰绒衬衫。

我俯身从梳妆台上抓起一本书,这本书是我最喜欢的小说之一——一本畅销的大型平装书,斯蒂芬·金和彼得·斯特劳布合写的《护身符》。第一次读这本书时,我才12岁,自那以后,我又读了好几遍。那些破旧的书页拿在我的手里，感觉很柔软，太熟悉了。魔咒解除时，我的眼里满是泪水。哪里都不如自己的家好。

所以，第一天白天和夜晚，虽然我感到迷茫、不知所措，感觉就像一个外星人回家了，但我从未想过要用写作抚慰自己，我甚至没有问自己的作品《我是机器人》那本书在哪里。虽然有时感觉墙壁太靠近自己，壁橱里偶尔会有磕碰声，远处还会传来一声凄惨的号叫，但我睡得很好，一直睡到第二天下午。

▽ ▼ ▽

"妮狄，起床了。"母亲说道。我睁开双眼，看着她一脸的担忧，她接着说："你不能一整天都睡觉。"

我不敢相信自己睡了这么久，我什么也没梦见，只沉睡在黑暗的深渊之中，但我还是觉得很疲乏，怎么会这样呢？前天和大前天，我都挺好的。自从回家以来，我一直睡得不好，但睡眠时间很充足。15分钟后，母亲又回到我的房间，那时我还没有起床，这次她把被子掀开，强迫我从床上下来。

"起床！"她说话的语气非常坚定。

我叹了口气，当时我并不知道，自己正陷入一个比睡觉时掉进去的更深的深渊。深渊正给我唱着一支甜美的摇篮曲，轻轻地把我吸了进去，我对此无力抵抗，但我母亲却力大无比，我母亲是个特别强大的女人。我嘟囔了一声，把自己推了起来。我去洗手间时，她站在我旁边，浴缸里放了一把塑料椅子。

没有别人的扶助，我无法进入浴缸，所以我无数次感到羞辱。在护士面前脱光衣服是一回事，而在母亲面前赤身裸体是另一回事。她是生我的那个女人，多年前女儿开始保护自己的隐私以来，这个女人会好奇女儿的身体发生了这么大的变化。我嘟囔着，但还是让步了，后来，母亲不在家不能帮我时，我不得不忍受姐姐们的目光。

回到医院后，经过理疗，我的父母会经常要求我做一些举重练习、橡皮筋练习和其他项目的运动，我通常会练得筋疲力尽，很不情愿继续这样锻炼。好几次，他们都强迫我做这些额外的锻炼，他们根本不明白这有多难，或者至少，他们并不懂不同级别的练习。后来我才意识到，这一切对我身体的康复都非常有利。有时，你不明白什么东西会让你看不见某些障碍，而当你看不到这些障碍时，你会不知不觉地缩小或放大它们。如果我父母理解，他们就不会对我那么严厉了。如果不是他们把我逼得这么紧，我后来就不能逼着自己坚持到底。尽管如此，回家两周后的那一天，一切太过分了。

我的身体还很虚弱，不能经常使用助行器，所以在楼上时，我经常使用轮椅。洗完澡，母亲扶我上楼，然后我坐轮椅去厨房。我想看《芝加哥太阳时报》当天的漫画，我每天都要阅读漫画《加菲猫》。推着轮椅到厨房去，我一下子撞到门上。我前后转动轮椅，以便能准确地穿过门框，我看了看厨房桌子上通常放报纸的地方，竟然没有报纸。我咕哝了一声，心里的火就爆发了。

我母亲正在切洋葱和菠菜叶子，放进她正炖着的番茄肉汤里，烤炉里正在烤芭蕉片。厨房很暖和，空气中的湿气弄湿了我的皮肤。厨房闻起来非常香，但此刻，我并没有在意，母亲瞥了我一眼，然后又把注意力转到她正在做的事情上。

这让我更加生气恼火。她难道没看见我在找东西吗？她就不能帮帮我吗？总之，为什么我需要别人帮我找一份简单的报纸呢？我喃喃地说着，火冒三丈，然后慢慢平静下来。我往前推着轮椅，经过厨房来到储物间，垃圾桶就放在储物间。如果当天的报纸不在厨房的桌子上，它只能在两个地方。我希望它在垃圾桶里，如果不在，那它就在我父母房间的床上。我父亲喜欢在床上看报纸，这意味着有人要帮我上楼，在我身后把轮椅拖到楼上，然后是铺着地毯的地板。在铺着地毯的地板上推轮椅，就像走在黏黏的糖浆里一样，非常吃力。我的手臂虽然很有力，但最后大家都会感到非常疲累。

我猛地撞到储物间的门上，还碰到了脚。我没有任何感觉，但看起来很可怕，它像一块棕色橡胶撞到了墙上。我皱起眉头，热泪刺痛我的双眼。真该死，我心里骂道。我没有看到任何血迹，这不是我第一次看到我的脚像这样被压扁，但是……真该死。我瞥了眼红色的垃圾桶，它是空的。我摇了摇头，泪水夺眶而出，我深吸一口气，但这无济于事。我的心猛地裂成了两半，我的思绪就像一根棍子被握着两端，使劲弯曲，直到木头里的碎片开始弹出，裂缝、劈开和压断，完全破碎。

"该死的！"我尖叫道，"该……死！"

听到母亲的脚步声时，我哭着没有转过身。相反，我咬紧牙关，向后转了一点，然后竭尽全力往前推轮椅。脚踏板撞到了墙上，我又向后转了一点，重新往前推轮椅。一次又一次，每次撞到门框上，就会有另一个不是由我造成的撞击声。每当我用轮椅撞到门框上时，就像有人站在我旁边，用一条强壮的腿踢一下墙。

"你怎么啦？"母亲大声喊道，走到我的身旁，手里拿着一个大勺子，红色的炖肉汁滴到了地板上，一片松软的菠菜叶子还挂在勺子沿上。

我父亲大步走了过来，但我仍然没有转过身。

"该死的！"

砰的一声，然后是脚踢的声音。

"真该死！"

砰，脚踢的声音。

"天哪，我想我们需要给她做一些心理治疗。"我听到母亲跟父亲说道。

"妮狄！"我父亲大声喊道，"停下来！现在！"

"该死的！"砰，另一声脚踢的声音。

"妮狄！"

9 "真该死"

"该死的!"砰。

这个词在我脑海中回荡着,形成一个大大的圆圈。该死,该死,该死!我停下来时已经上气不接下气,突然觉得我不像自己了,我也不喜欢自己了。我用手捂住脸,闭上眼睛,大口喘息着。"该死的!"我又喘息了一下。

我让母亲把我推回厨房,在我身后,一大锅肉汤咕嘟咕嘟地溢出来。我安静了下来。

"你现在好点了吗?"父亲问我。

"我找不到报纸。"我低声私语。

我父母面面相觑。我迅速把轮椅转了过来,回到楼下大厅。每当我把轮椅撞到门框上时,一部分的我心里总在想,到底是谁在踢墙呢,我内心更安静的那一部分了解这件事的缘由。当我回到我的房间时,我必须等着父母帮助我下楼梯。

▽ ▼ ▽

在最初的几个月里,我在家写了一些东西,都是零零碎碎的东西,写的内容有些是我的想法和一些令人毛骨悚然

97

的冥想。其他时间里，我写的是会飞的女孩和其他小故事。我会有这样的瞬间，"开始动脑筋思考，然后就像墨水一样，我会完全沉浸在纸张中"，我引用了最喜欢的一位说唱歌手茅斯·达夫的名言。我的处女作《我是机器人》这本书应该已经打包好，并带回了家，但我再也没有读过它。我从未想起这本书，因为我一直在写作，我写东西不是为了保存它们，而是为了写作这个行为。

我做了一些稀奇古怪的梦，尽管事实上，我睡眠的时间很充足，但我特别疲乏，厌倦周围的一切。当然，这并没有什么区别，它没有任何改变，我能听到狂风呼啸，我真希望能到屋外走一走。空气温暖又潮湿，充满了重重水滴，可饮用的水滴。如果我在室外，我会像一只青蛙，用皮肤吸入这潮湿的空气。因为外面潮湿，风又刮得很大，把一切吹得乱糟糟，真不知道会发生什么事情，所以站在风中我还有点胆怯。

身体恢复得很慢，但我渐渐好起来了。除了进行理疗，我还开始去健身房锻炼。这又是一种完全不同的噩梦，因为来这里的大多数人都有强壮的身体。在我的生活中，去健身房从来没有如此扭扭捏捏。然而，我要承受别人注视的目光，似乎都在问："你怎么了？需要为你做些什么？"做腿部练习时，我只能用最轻的砝码，通常需要花费我很长时间才能坐到器材上，这简直是耻辱，太丢脸了。

我身体仍很虚弱，腹部没有肌肉，双腿还很消瘦，但它们越来越强壮了。在健身俱乐部进行每日的康复训练时，我觉得去那里路上的心情更加舒畅。后来，我认识了很多工作人员，他们都饶有兴趣地看着我一天一天进步，他们看着我从靠着助行器到使用侧行器，再到只用四支点拐杖辅助走路，他们都期待着那一天，除了随身听，我什么都不带。

他们还不知道，花了大约一小时锻炼身体后，我回到家继续用写作和阅读来锻炼我的大脑，扩展我的内心世界和时间的维度。大约在这时，我发现了《X战警》动画系列书，我迷上金刚狼，迷恋上他那坚硬的骨架和发怒的样子。我有自己的愤怒方式，医生也对我的骨骼做了些处理。大部分时间我都待在楼下，因为要爬七级台阶才能到一层，这么大的难度，让我有些胆怯，我还要忍受伤疤愈合带来的疼痛。

尽管如此，一切都在好转。一个半星期后，我将离开我寄生的"茧",回到学校,回到几个月前离开的地方,那里的人知道我是一名运动员。"你怎么了?"的问题就像狗一样缠着我。

10 我的奇异点 ▼▽

什么是创意写作

这是我回到伊利诺伊大学的第一天，但我不想下车，我的腿僵住了，我用双手紧紧握住手杖。

盯着进进出出宿舍楼的学生们，我简直无法呼吸。每个人看起来都那么正常，那么阳光，那么放松自在，好像他们度过了一生中最美好的夏天。我认识的一群学生正坐在宿舍楼门口聊天，那是他们常去的地方。他们中有几个人抽着烟，有两个人在玩花式沙包。他们只比我高几英寸，聪明几厘米，有几张新面孔，但本质上没有什么差别，除了我。

我已经不是过去的"我"了，我的后背从颈椎到尾骨有一条正在愈合的疤痕。与5月离开这里时相比，我的体重至少轻了10磅，我再也不能轻松自如地走动了。我已经赋予灵魂在我脑海中跳跃的能力，正如我在医院滑入池水中重新学习如何走路时所做的那样，我不再去想这一切，而是接受自己现在的一切。过去的我已经过去，我已经好了，我对自己说。于是我走下了汽车，缓慢地走着。

还没走到我的宿舍，就已经有好多人问了我同一句话："你怎么了？"

手术失败了。

技术和科学出了差错。

医疗事故。

命中注定的受害者。

我在尼日利亚的一个亲戚给我求过一个护身符。

外星人。

"说来话长……"我通常这样回答。一旦我独自待在房间里，我的思绪就变得黑暗无光，一些有趣的东西从裂缝里冒了出来。我写下了这些零零碎碎的东西，有关于窗外的树木；有听到中国武当派的故事时，我所看到的烟雾缭绕的景象；还有关于来自吗啡幻觉的迷幻蚱蜢和螳螂。我从周围的世界抽身出来，但因被剥夺了超能力，我仍能感觉到体内那部分狂怒。

10 我的奇异点

▽ ▼ ▽

遇见达玛尼·阿内尔·哈里斯的那天，我穿着黑色厚底的查克·泰勒鞋，尽量不让自己在数百人面前摔倒。我排队报名准备注册一门课程，我二姐恩戈齐跟我一起排队，我们旁边的队伍里有两个个头很高的年轻人。我选报课程时，我二姐色眯眯地看着那个身高六英尺六英寸的男孩，实在令人厌恶。我们四个人办完注册手续，就走到旁边开始聊天。

达玛尼善于交际、性格外向，而且还自以为是，他给我印象最深的有两件事：他有一双漂亮的猫眼，谈话当中，他拿走我的手杖，不肯把那个该死的手杖还给我。他笑着站在那里，像玩指挥棒一样转动着它。他甚至旋转着手杖，绕到他的后背。我站在那里，几乎没有听到他说什么，我完全专注在我的手杖上，因为太害羞，不敢直接要回来。最后，他注意到我脸上的表情，也跟着哈哈大笑起来，把手杖还给了我。

▽ ▼ ▽

几个月后,达玛尼来到我的宿舍,他开始排练自己导演的一部戏剧,而在我的宿舍只排练了两分钟。他没有提前给我打电话就来了,所以我的房间没有好好收拾,床上散落着笔记本,文字处理器周围到处是糖果包装纸,他看了看乱糟糟的一切,又看了看我梳妆台上的橡皮泥女孩,然后转向我。

"你改专业了吗?"他问我。

我耸了耸肩,没有回答他。那还是我大二的第一学期,一直处于不稳定的情绪里,我讨厌自己的课程,尤其是理工科课程。我对科学失去了兴趣,我不想去听那些充满激情的、让人心存敬意的关于分子学、解剖学、测量精确性和实验研究的讲座。我喜欢我选修的昆虫学课程,但这还不足以让我心情愉快。当事情变成真的时,我觉得一切都是胡说八道,我对科学失去了兴趣,我真的不想再去研究它。

"不,我还是一个医学预科生,"我说,耸了耸肩,"我不喜欢医学或其他相关的学科了,不再喜欢它们了,但我能换成别的专业吗?"

他拿出一封我写给他的长长的、史诗般的信,这让我感到有点难堪。我总是给他写信,就是一些谈情说爱的信,给他讲了点故事,以及我的奇异点等内容。我从未想过他真的会读这些信(几十年后,他告诉我,这些信他都读过,几乎每一封信他都保留着),但我却从中得到了极大的安慰。我也从来没有想过要和他谈论这些信。我喜欢与文字亲密接触,而跟一页一页的纸却有疏远感。那一刻,我真希望他能把信纸折叠起来,放回口袋。

"也许你应该读文学专业。"他说着,瞥了一眼我那些正在增多的藏书。我正用爱丽丝·霍夫曼的《启示之夜》的柔软魔法为我的世界增添色彩。我崇拜霍夫曼的美国式魔幻现实主义,这是一个真实的世界,那里的神秘主义是自然的一部分。霍夫曼展现出来的世界与我看到的非常相似,最初选择这本书是因为我喜欢它的书名。

"文学专业?"我问道,"那我将来干什么呢?"

达玛尼耸了耸肩:"教书或类似的工作。"

我皱起了眉头,站在教室前面讲课?我不喜欢他的建议。

其他人曾经给我说过许多有用的话,而接下来,达玛尼对我说了最有价值的话。"那么，既然你擅长写故事，"他对我挥了挥那封信说，"也许你应该去上一门创意写作课。"

我本想问他"什么是创意写作课"，但是我不想让自己听起来好像很无知，我说："我去查查。"我非常喜欢达玛尼·阿内尔·哈里斯先生，于是，第二学期我都没有认真阅读课程的描述，就选修了创意写作课程。

结果马上就公布出来。这门课把我分散在破碎宇宙中的所有"行星"排列组合，我坐在那里听讲、学习、最终完成写作时，一切都变得清晰明朗起来。这是我的宇宙大爆炸！我的奇异点！我终于听到了召唤。

上第一门专业课，我没有特别突出之处，考分和来自教授们的关注不能说明什么，有时燃烧是静静的、渐渐的、不起眼的，并且秘密进行。在那门课上我学到了什么是短篇小说，我了解到故事要有开头、高潮和结尾，还要有内心的想法、立场观点、语法时态和写作风格。阅读了15年的小说，我从中也了解到这些知识，但都不在有意识的层面。

这门课上，我写了第一篇真正的短篇小说，我的第一部小说，名字叫《畸形屋》。故事发生在尼日利亚，有九章是纪实内容，只有一章是想象出来的。我和姐姐们在去哈科特港国际机场的路上遇到了一家奇怪的路边餐馆,故事就以这个事件为素材。故事中,我把自己的名字改成阿道比,我的两个姐姐合成了一个人,并调整了一个细节,这样我就可以称之为虚构小说了。我是夜里在宿舍写完这个故事的,这种经历与我做过的任何家庭作业的感觉截然不同。到这个时候,我经历了这么多之后,身心已经破碎不堪,完全坦然,我已经准备好了。我一直随身携带的宝石开始从缝隙中滚落出来,以下是《畸形屋》的节选(20年后,《畸形屋》发表在我的短篇小说集《卡布海部》中)。

恩戈齐以为外面是一家餐馆。人们坐在歪斜的桌子旁,喝着芬达和喜力啤酒,用手拿起一块木薯泥,蘸着辛辣的秋葵或瓜子汤。"餐厅"的正面是敞开的。阿道比想知道如果下雨,他们会怎么办。她看见两个女人在后面的厨房里做饭,她看不清楚,但猜想她们正汗流浃背,可能非常累。

"咱们在这里停下来喝点东西吧,如果想上厕所,艾克说就在餐厅后面。"她们的父亲说道。过去的三个星期里,她们的父母变得更加轻松了。他们远离千里之外的忙碌生活,恩戈齐很高兴看到没有寻呼机的干扰,他们玩得很开心。自她出生后,他们就没有回过尼日利亚,恩戈齐认为这段时间太长了。

恩戈齐看着那座破旧的房子,有一扇锈迹斑斑的红色铁门,空气中弥漫着棉花糖烧焦的味道,房子里某个地方的收音机正播放强节奏的爵士舞曲。浓烟从房后滚滚而来,整座房子的后面是一片茂密的森林。

"来吧,阿道比。"恩戈齐抓住妹妹的手臂说,"我要上厕所,我不敢独自一人去后面的厕所。"

就在尼日利亚南部的那条路上,我和我的姐妹们打开那扇通往那家路边奇怪餐馆的后门时,我们也看到了那些稀奇古怪的东西。当时我和两个姐姐分别是8岁、9岁和10岁,我们看到了小粉鸭、斗牛犬幼崽、拿着切肉刀的干瘪老妇人,桌子上堆满了她正在剁的肉,还有几只偷肉吃的秃鹫,我们给这个地方起名叫"畸形屋"。课堂上老师要求我编个故事时,我的思绪一下子就飞到那家奇怪的餐馆。

写这个故事就像点燃干柴的火花,创作一个故事真的有一种美妙的感觉,我即刻就疯狂地爱上了它。当潜意识里知道自己有飞翔能力时,感觉就像故意从悬崖边跳下去,把我带到一个不需要走路的地方，这种感觉来得太容易了。我将故事交给教授前，最令我激动的事情是我知道它一定很棒，我确实知道，不需要任何人验证。

我不记得我的第一篇短篇小说得了多少分。除了非常喜欢外，我不记得老师评论这篇小说时全班同学的反应。那事对我都不重要，我读自己的故事时，重要的是我的感受，我的感觉太棒了，所以我又写了几篇小说。不管老师布置什么角度的作业，我都开始为自己写故事。那学期结束时，我已经不用拐杖了，我正在写我的第一部小说。

▽ ▼ ▽

我做完手术一年后，又到了夏天。我不用拐杖就可以走路了，虽然身体强壮了，但我永远不会像从前一样。我的身体本体饱尝如此重大的摧残，我的双腿和双脚的下半部分的触摸感已经大大减弱，脚底以前怕痒，现在不怕了，而现在双脚的感觉永远沉睡着。如果不看自己的双腿，有时候我会觉得它们根本不存在，我只能靠身体的本能防止自己跌倒。尽管我的双腿很结实，如果走得太快，我就不能直线行走。

尽管这样,我仍然很快乐。我曾坠入深渊,拼命挣扎着爬了出来。我曾突然瘫痪,而现在又能走路了。我从医学预科专业转到了修辞学专业(在伊利诺伊大学香槟分校,这是"创意写作"专业),我比以往任何时候写的东西都多。我还在一家当地报纸《星报》实习,尝试着去做新闻工作。对我来说,写小说就是顺理成章的事。当我写了专题报道,并发表出来时,心中就有一种快乐。

有一天,我的编辑给我分配了一个重大任务,我不记得是什么故事了,但它涉及一个家庭,这对报纸来说很重要。有一个问题——只有那些了解我的人才会认识到这个问题,安排我在晚上7点去采访这一家人,但我晚上不能开车。

我出院回家后几个月,曾尝试过一次,我仍然挂着拐杖走路。一旦我能走路,开车就不是问题了,但到了晚上,事情就变得诡异。黑暗中,看不到自己的双腿,我只能靠着本体的感受。人们总是毫不犹豫地这样做,这很正常。然而,我的身体不再正常,至于开车,那我应该更加清楚地意识到这一点。一天晚上,我在一条空无一人的路上开车回家,来到一个十字路口,我准备刹车时,竟然感觉不到脚刹在哪里。突然,我的双腿好像没有在那里,它们就在车里,在一辆两吨重、时速 40 英里的汽车的方向盘下面。

我越恐慌，对腿的感觉就越少。我用脚最终找到脚刹之前，已经将车子开过十字路口。谢天谢地，十字路口没有行人。我太幸运了！从那时起，我晚上就不敢开车了。

不过，我真的很想写这个故事，于是我决定尝试一下。那天下午，我赶到沃尔格林连锁店，买了一个永备牌黑色简易手电筒和一包四节 D 号电池，两节手电筒用，另外两节备用。我要去采访的地方离这儿有 45 分钟的路程。我不顾一切地写这个故事，所以就手不停挥地写了下去。

我没有告诉我的父母、姐姐或其他人，我有多么害怕晚上拿着手电筒开车。我刚刚就这么做了。我穿好衣服，确定好方向，拿着手电筒上了车，轻轻一按，打开手电筒，启动了汽车。我坐到车里不到一分钟，就开始担心会发生什么事情，开车会有多难，或者我该如何使用手电筒，我就把车开出去了。开车时，出于本能，我知道什么时候拿起手电筒，打开它，检查我的双脚，自信地点点头，关掉手电筒，然后把它放到我的大腿上。看到双脚靠近踏板，我的大脑确信我的双脚和双腿都在它们应该待的地方。这一切显得那么自然、那么顺利，就这样，我解决了夜间开车的问题，开着车及时赶到并采访了这家人。

直到今天,我晚上还是这样开车,我把手电筒放在前排座位之间的中控台上,这样即使在太阳落山时,我也能拿着它开车。我的右手拿着手电筒,这个手电筒似乎成了我生命的一部分,一种延伸物,也是可以让我改变得更新、更有意义的一种方式。

我融合的脊柱限制了我旋转的幅度,如果你从后面叫我,别指望我会转过头来。如果不抓住某个物品,我就不能抬头看天上的星星。我可以走得很远,但必须慢慢地行走,我再也不能往后弯腰了。唉,至少要到2029年。

11 机器人

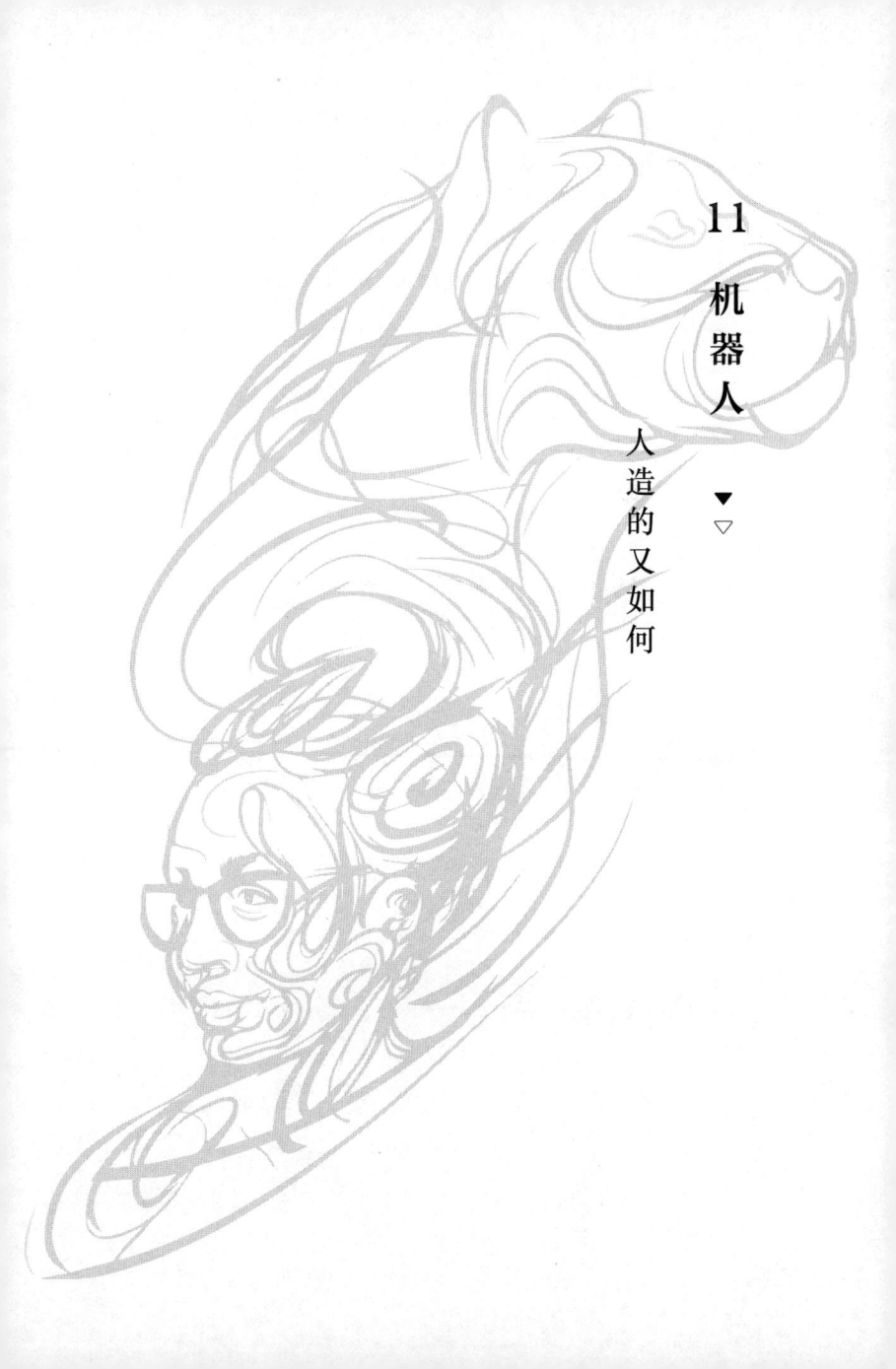

▼
▽

人造的又如何

铁棍、石头和硅胶。

金属四肢，人造骨骼。

双腿像两根针，缺乏肌肉的张力。

一切都很结实，一切都是人工制造的。

还在破碎的阵痛之中，盯着《我是机器人》这本书的封面，我写下了上面这些文字。当我的身体进入半机械状态时，身体内作家的那部分我，现在意识到自己也变成一个崭新而清晰的生命，那个生命一直就在那里。混血人类的主题成了我写作的素材，我的故事都像这个故事，源于对比。

我站在一切都很安全的地方。往下看时，我有了两条钢腿，它们发出了冷冽的光泽，我是机器人。我是一个机器人，我还没有发疯。虽然我有充分的理由，但我无意去杀死我的创造者，是他把我塑造成这个样子的。

然而，此时此刻，他的指令还行得通，感觉是我生活的支柱。让金属关节和小配件保持润滑，并且精心维护它们，我将永远保护自己的存在。内心深处我就是个斗士，但我讨厌自己成了机器人。我的竞技能力很强，但在这个身体里，我不能去做我想做的事。如果让我创造自己，我会造出更复杂的东西。

我会让自己的行动更加优美，质地和材质更加柔软。我把双臂和双腿都造成9英尺长，却把腹部缩短一些。我曾经像一只有四肢的蜘蛛，身体很柔软……不易折断，易于弯曲。现在我思绪混乱，所以我的想法在脑海里翻来覆去，漫无目的地四处翻腾。他一定认为我疯了，但我没有疯，他对我的活动很感兴趣，所以把同事们都请来研究我。我继续踱着步。

走着圆圈。我的身体能正常运行，发挥其功能，但我却一事无成。走的圆圈越来越小，我开始思考，也许他在撒谎。也许他根本没有创造我。如果他没有创造我，那么是谁创造了我呢？如果他没有创造我，我为什么不杀了他？他若不是我的创造者，那么他就是我的奴仆。随着圆圈缩小，我只能得出一个结论……

十多年后，我才真正读到《我是机器人》这本书，它并不是詹姆斯在医院给我的那本破旧的书。那本已失传多年的书，却有更大的用途，书中有一项独特的发现，我用细长的笔迹在书的勒口写下"艾萨克·阿西莫夫"，因为我不喜欢用铅笔，所以我是用钢笔写的。我写下这些潦草的文字后，就没有再管这些印刷的文字，只是去书写自己的故事了。

一扇门开了，上面涂满了潦草的字迹，我走了进去。几个月后，在创意写作课上正式写第一篇短篇小说时，在那本书的空白处我写下了这些文字。创作完那篇短篇小说后，我继续写了几篇小说，第二篇小说里的那个会飞的女孩是源于《我是机器人》一书中写下的潦草的笔记而虚构的。故事的开头是这样：

时间是1925年4月，气温27摄氏度，微风习习。她才20岁，盘旋在黑暗中，她厌恶地俯视着她的村庄，她没有马上飞走。

写完这几句话，我就离开了。那天，屋外寒风呼啸，我写完这几句话，就卧床不起，身体破碎、手术后的疼痛折磨着我。大风足以捉住一个会飞的女孩，然后带她飞到她想去的任何地方。我并没有因为自己身体的残缺而放下写作。我变得更加强大。身体破碎后，我从梦中醒来的那天，腰部以下瘫痪了，我不能写这些话语、这个世界、这个人物。体内讲故事的人必需的那些裂缝并不存在。正是因为在破碎之后的旅程中，我找到了这部分自我。

　　然而，事实证明，破碎本身并不够完全彻底，我的瘫痪和康复促使我重新写作，但这需要一段额外的旅程，一段穿越我祖籍尼日利亚的旅程，才让我遇见了植根于非洲内容的科幻小说并与其紧密结合。

　　后来我给会飞的女人起名叫阿罗·约，结尾处离开了我们过去的世界，直接飞入一个未来世界，先进的生物技术编织到尼日利亚人的生活中。然而，等我回到尼日利亚之后，就写下了那部分内容。在很多方面，当我回到父亲的阿伦迪佐固村时，我所经历的一切以我最近创作的人物宾蒂的经历反映出来。我在 2017 年的 TED 演讲中提到了她，演讲的题目是《想象未来非洲的科幻故事》。

11 机器人

在非洲未来遥远的地区，宾蒂是辛巴族的数学天才，另一个星系的一所大学录取了她，她也决定去那里上大学。她的血管里流淌着她的民族的血液。她接受过各种学说、方法，甚至有关土地的教育内容，宾蒂离开了地球。随着故事的发展，她不再是她自己，而是变得更加厉害。

如果宾蒂没有偷偷离开家，到另一个星系上大学，并与家人断绝关系，她就永远不会变成伟大的女英雄。她爱她的家庭，喜欢自己民族的文化，但她也知道她想要更多东西，而获得它们的唯一方法就是离开，她知道这种方式会让她深爱的人遭受毁灭性打击。

一旦踏上这段令人难以置信的旅程，宾蒂在精神上和身体上都会发生永远的改变，甚至连她的DNA（脱氧核糖核酸）也改变了，她与外星人的DNA结合在一起。到系列故事结束时，如果她待在家里，就远远不是她曾经的样子了。无论是为了更好，还是更坏，当然，通常是为了更好。

就像我的星际飞行人物宾蒂一样，为了变成更伟大的人，我不得不离开那些正常的东西，而只有在这些奇怪、深沉、古老和崭新的水域中，我才获得了自由。冒险进入后，我也像宾蒂一样,被未知的原因打碎了、改变了,正是回到家才把一切重新聚集在一起。

我们兄弟姐妹年纪还很小的时候,我父母就开始带我们回尼日利亚。第一次回去时我才7岁,在我富有想象力的眼里,尼日利亚就是一个天堂。第一次回乡旅行时,我记得奶奶在我面前放了一碗炸芭蕉,我喜欢吃炸芭蕉,那是我这辈子见过的最多的芭蕉,当时在美国很难找到那么好的芭蕉,我有点近乎发狂。我开始往嘴里塞芭蕉,好像有人要把那个碗拿走似的,我吃得太快太多,最后都要吐出来了。

我跟堂兄弟姐妹们亲密无间,尤其是我、我的堂弟和同岁的阿道比。我追鸡撵狗,还和它们交朋友,捕捉了大量的昆虫,并记录它们的特点。我在努力学习伊博人的语言,因为美国口音,我说的伊博语很糟糕,常被人嘲笑,后来我就不学了。哦,奇怪的事件和冒险。

然而,随着年龄的增长,瘫痪的经历开阔了我的眼界,我开始观察和理解更多东西。这些回乡的旅行压力很大,尤其对我的父母来说,他们要探望很多亲戚,因为我父母是来到美国这个"牛奶和蜂蜜之乡"的第一批人。我们带回来的六个大箱子里装满了给每个人的礼物。在这里的路上开车虽然好玩,但是非常危险,陪我们回村子的那些人不是家人和朋友,他们是手持AK-47突击步枪的武装警卫。

我二十几岁时,一天在阿伦迪佐固村看到几个女孩,从小溪边走过来,头上顶着大水壶,她们把水倒入更大的塑料桶,供当天使用。水溅到了她们头上,于是她们把手机挪开,以免弄湿手机。从那刻起,我就开始在尼日利亚寻找现代技术。在村子里,我们能接收的电视频道只有BET(黑人娱乐电视台)和MTV(音乐电视网),很多人开始考虑非裔美国人的许多问题。我早就注意到,移动通信技术在尼日利亚比在美国更受欢迎,融入社会的速度也更快,部分原因是基础设施不可靠(台式电脑在美国的前景比在尼日利亚要好,因为尼日利亚的电力可靠性非常差)。

从故事中,我没有看到这样的非洲,这让我很沮丧。在文学作品中,我看到的非洲,过去是个被遗忘的地方,几千年前是个"文明的摇篮"。很多人喜爱他们所离弃的当地文化,然而从长远来看,它是一个没有具体细节的地方(人们去"非洲",不是去非洲的某一个国家或特定的城市),这个地方的伟大只存在于被殖民化前的想象状态。我所知道的那一部分非洲是存在的,而且在当下,以一种非常酷的、独特的方式驶向未来。我想写点关于那个地方的东西。

对苦难的升华一直贯穿于我所有的作品,我无比积极并自愿去面对、打破和融合我的美国与尼日利亚文化,把它们融进一个我们大家所说的"奈及美国人"("奈及"是尼日利亚的俚语,意为"尼日利亚人"或"尼日利亚")。我一直学着接受并拥抱我那奇怪的残疾身体。

大多数传统的科幻小说描绘的都是白人世界,那是我无法自由存在的一个世界。但在我的科幻小说中,我称之为"非洲人未来主义"(有点类似于"非洲未来主义",但更直接、更具体地源于非洲的文化、历史、神话和视角,其中心主题是非西方化),我的人物角色都生活在我可以打架、玩耍、创造、奔跑、跳跃和飞翔的世界里。

随着我自身的不断变化和成长,我的梦想及对事情的思索也在不断变化。在《十二个明天》(《麻省理工科技评论》杂志社出版的一个文集)上发表的短篇小说《问题的核心》中,我虚构了一位尼日利亚总统,他在就职时,得知自己患有多年严重的糖尿病,并引发了心脏病。

在任职期内,他的病情恶化,必须接受特殊的心脏移植手术。这是一个3D打印的心脏,是采集他心脏的健康细胞并用菠菜叶加固而成的。他成为世界上第一位"全机械人"总统。新的心脏增强了他的身体机能，明显延长了他的寿命。然而，也出现了麻烦，因为人们开始质疑他是否还是一个人，更不用说，还质疑他还是不是他们当初选举的那个人。那些担心与利用那些担忧的人引发了一场未遂的政变。

在漫威文集《毒液宇宙：战争故事》中（用"因祸得福"命名的我的短漫画）和后来仅出版一期的《大桥下》（黑豹系列丛书中《国王万岁》的故事），我写了一个名叫恩戈齐的尼日利亚女孩，一年前因车祸失去双腿的故事。恩戈齐加入外来共生物的武装力量，成为可变形的超级英雄。她不仅能走路，还能飞行，具有强大的能力。用来控制共生体的坚强意志是她逐渐养成的，她学着在一个她是残疾人的世界里生活。

尼日利亚开启了我科幻小说的大门，虽然科学一次次让我失去信心，但这扇门的开启恢复了我对科学的信心。作为科学的忠实者一旦回来，我就可以随意拥有自己的半机械特性。一定是什么东西会先破碎。

我开始以自己的方式环游这个世界。

12 海滩

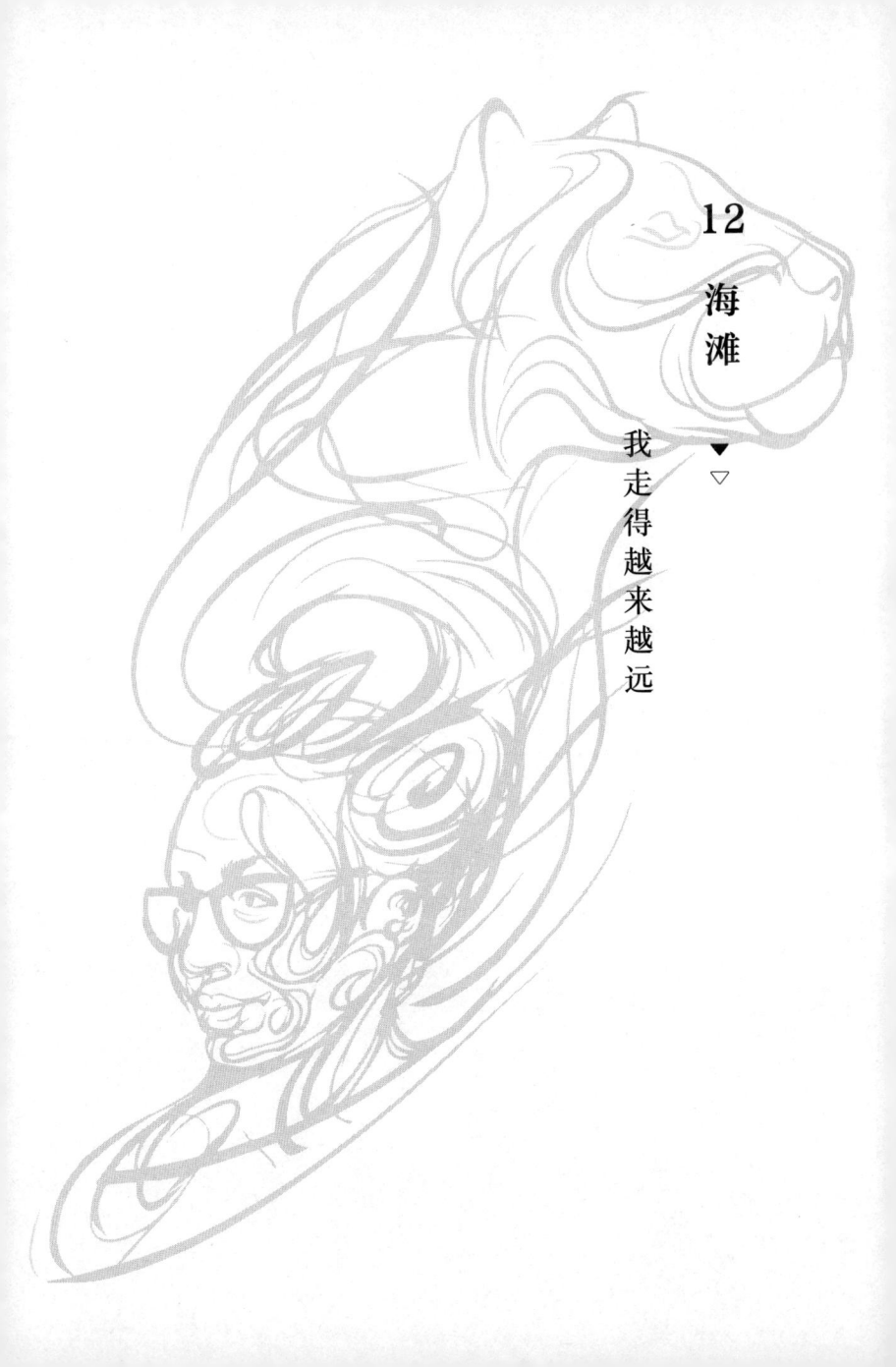

▼
▽

我走得越来越远

每走一步，我脚下的沙子都在移动，沙滩上留下坑坑洼洼的脚印。与此同时，我脚底沙子的摩擦传给大脑更多的信息，改善了我的本体感觉。作为机器人，我漫步走向水域，步态稳定有力。如果我跌倒，水面就不会那么硬。

我将注意力集中在面前汹涌的海浪和空气中清新的海水咸味上。我意识到裸露的脊背，但我没有平常那种明显的刺痛，因为海滩空寂无人。螃蟹从洞里探出头，蚱蜢隐藏在沙滩的草丛里，蝴蝶和海鸟从我身边飞过，只有它们能看到我那弯曲而奇怪的后背，有时还有我的祖先们。

我把一只脚伸进正在退潮的水里，如果再使劲集中思想，我就能享受脚下沙子的吸力。海水没过我的双脚，我走得越来越远。我开始摇摆，但继续向前走去，倒在水中之前，我将身体直接扑向海水，然后在海中自由遨游。

致
谢
▼
▽

我从1994年开始写这本书,是在我失去又恢复行走能力几个月后,我要准确地记录最困难时刻的感受。我当时已经写了相当于这本书前四十页篇幅的内容,可是我的文字处理机出现了神秘的小故障,它竟然把所有的内容都删除了。就在同一天,我开始重写这些内容。这些年来,我一直在重写这本书(以前的字数是现在的四倍),我砍掉了其中许多内容后,把它放到一边,等我回过头来继续,我一直相信我可以完成这部作品。

我首先要感谢我的祖先们,因为他们时刻看着我,推着我完成这一切。我要感谢我的父母葛德文·奥考拉夫博士和海伦·奥考拉夫博士,以及我的姐姐伊芙玛、恩戈齐和弟弟埃米兹,感谢他们成为我写作的素材。我要感谢我的女儿安瑶格，我编辑这本书时，她听到我在大声朗读，然后就走进房间来听我读书。我还要感谢我的侄子迪卡、欧比和侄女奇内杜。我衷心感谢我的TED丛书编辑米歇尔·昆特，感谢她的耐心和敏锐的眼光。